Leven in het tussenin

Over mens zijn wanneer je leven plots verandert

Marleen Devisch

Auteur: **Marleen Devisch**

Editor: **Alex Peeters**

Coverontwerp & samensteller: **Alex Peeters**

ISBN: **979-82-5286-039-8** (hardcover via Amazon)

ISBN: **978-94-0388-068-6** (paperback)

Uitgever: GROEI **ACADEMIE** BV

Drukwerk: **Amazon** of **Printforce**

Druk: 1

Mocht je fouten in dit boek vinden, van welke aard dan ook, bezorg ons je feedback. Wat wij hier hebben neergeschreven, hebben wij voor een deel zelf ook geleerd, gelezen, onbewust geabsorbeerd, geleend of gekopieerd van iemand anders die veel slimmer is dan wij en/of die het op zijn beurt ook weer van anderen heeft geleerd. Niemand hoeft het wiel heruit te vinden om succesvol te kunnen zijn. We kunnen dat wiel mooier maken, namaken, status geven, er onze eigen inbreng aan toevoegen. Dat heet 'innoveren'. Innoveren is de krachtigste manier om succesvol te zijn en om als mens en als menselijke soort, te groeien.

Inhoudsopgave

Voorwoord

Er bestaan verhalen over herstel die een boog hebben. Een begin, een dieptepunt, een ommekeer. Je komt eruit. Je weet waar het jou heeft gebracht. Je sluit het af.

Dit is niet zo'n verhaal.

Dit is een verhaal over het 'tussenin'. Over een leven dat doorgaat, maar niet meer op dezelfde manier. Over de buitenkant die geruststelt, terwijl de binnenkant herschikt wordt.

Het is ontstaan uit momenten waarop woorden kwamen, soms onverwacht, soms na lang zoeken. Ik schreef ze op. Alsof ik een spoor wou achterlaten, om mezelf later terug te vinden, voor het allemaal weer verdween. Zoals de broodkruimels in het sprookje van Hansje en Grietje.

De voorbije maanden heb ik die momenten bijeengeraapt en geordend. Zo goed ik kon.

Het is geen handleiding geworden. Geen gids. Geen belofte dat het beter wordt.

Het is een getuigenis van wat er gebeurt wanneer je leven verschuift, zonder dat je weet waar het naartoe gaat. Wanneer je niet meer bent wie je was, maar ook nog niet weet wie je wordt.

Misschien herken je jezelf hierin. Misschien ook niet.

Maar als je ooit hebt geleefd in een ruimte waar de wereld geen woorden voor heeft, dan is dit ook jouw verhaal.

Want het 'tussenin' is niet leeg.

Het is vol.

Vol van wat nog zoekt naar vorm.

Inleiding

De dag van het ongeval is klein geworden. Hij past in een paar zinnen. In een datum. In een medisch verslag.

Ik weet wanneer hij plaatsvond. Ik kan de dingen nog benoemen. Het beeld van mijn bruine schoenen in de lucht. Het geluid van mijn hoofd op de betonnen tegels van ons terras. De ergste hoofdpijn ooit. Mij voelen wegglijden en diep van binnen weten: 'ik ga dood'. En daar vreemd genoeg weinig bij voelen. De stem van mijn man, op weg naar het ziekenhuis. Mijn levenslijn op dat moment. Vele handen die mij optillen. En dan: niets meer.

Die dag voelt steeds minder als een gebeurtenis. Eerder als een scharnier waar alles omheen is gaan bewegen.

Wat daarna kwam, heeft geen duidelijke vorm. Geen begin, geen einde. Dagen rekken zich uit zonder iets vast te houden. Weken verdwijnen zonder herinnering. Soms lijkt het alsof de tijd niet vooruitgaat, maar zich opstapelt. Alsof ik leef in één lange, uitgerekte nasleep.

Vroeger gebruikte ik tijd als maatstaf. Wat ik in een dag kon doen, zei iets over wie ik was. Dagen waren blokken die ik vulde. Agenda's waren bewijs. Volheid stond gelijk aan voldoening.

Nu zegt een dag vooral iets over wat er mogelijk is. Dat voelt eerlijker, maar ook wankel. Met minder houvast.

Er zijn dagen waarop ik niets bijzonders doe en toch uitgeput ben. Dagen waarop alles rustig verloopt en mijn hoofd aan het einde van de dag voelt alsof het een marathon heeft gelopen. Door geluid, door drukte om mij heen, door keuzes, door aandacht die nergens kan rusten.

De tijd zelf lijkt veranderd. Niet sneller, niet trager, maar onbetrouwbaar.

Soms vliegt ze voorbij, zonder dat ik het heb beseft. Soms duurt een uur zo lang dat ik mij afvraag of hij zich ooit zal afronden.

Ik kijk vaker achterom dan vroeger. Ik denk aan wie ik was en ik vraag mij af of die persoon nog ergens rondloopt. Alsof ik in het nu iemand ontmoet die op mij lijkt, maar die ik niet helemaal herken.

Mensen zeggen: 'je bent nog steeds jezelf'. Ze bedoelen het geruststellend. Ik hoor vooral hoe graag ze willen dat het klopt.

Ik ook, soms.

Maar het is niet helemaal waar. En het is ook niet helemaal onwaar. Wie ik mij voel zijn, zit er tussenin en dat 'tussenin' laat zich slecht uitleggen. Het is geen breuk, geen nieuwe start. Het is een verschuiving. Een andere ordening van hetzelfde leven.

Ik heb geleerd om dagen niet meer in te vullen, maar te laten gebeuren. Dat klinkt rustiger dan het is. Lege tijd is confronterend. Er is niets om je achter te verschuilen. Geen tempo om je aan vast te houden. Alleen de vraag die zich zomaar uit het niets aandient: 'wie ben ik als ik niets produceer?'

Sommige dagen voelt het antwoord op die vraag mild. Dan is er ruimte. Dan is kijken genoeg. Wandelen. Zitten op een bankje. Mensen zien passeren. Het leven dat zichzelf leeft zonder mij nodig te hebben.

Andere dagen ontwijk ik de vraag door kleine handelingen. De was opvouwen. Thee zetten. De kleine ditjes en datjes in het huishouden. Dat telt ook als leven, heb ik besloten.

Het vreemde is dat ik mij soms dichter bij mezelf voel dan voorheen. Het wegvallen van snelheid heeft ruimte gemaakt voor iets dat er altijd al was, maar zelden de aandacht kreeg die het verdiende.

En soms is de dag nog niet klaar voor mij. En ik niet voor hem.

En ook dat is leven.

Deel 1: Wanneer je lijf geen vanzelf-sprekende thuis meer is

Mijn lichaam is niet kapot.

Het spreekt een andere taal.

Ik heb moeten leren luisteren zonder te vertalen naar vroeger.

Fragmenten

Het eerste wat ik mij nog herinner na mijn operatie, is mijn man die aan mijn bed staat. Tranen in zijn ogen.

Ik lig vast aan draden, buisjes, piepende machines. Mijn lichaam lijkt niet meer van mij. Waar ben ik? Wat is dit? Geruststellende stemmen. Woorden die ik hoor zonder ze te begrijpen. Het lijkt wel alsof ik met mijn hoofd onder water zit.

Ik zie mensen die aan- en aflopen, maar ik zie ze niet scherp. Ik moet mijn ogen bijstellen, zoals je met een beamer moet doen om helder beeld te krijgen op je scherm.

Ik vraag niet naar wat er gebeurd is. Het is er. Ik voel het. Mijn hoofd weet het zonder dat iemand het uitlegt.

De dagen op intensieve zorgen vloeien in elkaar over. Ik kan niets. Ik word gewassen, gevoed, verplaatst. Zoals een baby. Zonder schaamte, zonder keuze. Alles gebeurt voor mij. En aan mij.

Ik slaap veel. Of misschien verdwijn ik. Het verschil is niet altijd duidelijk. Soms ben ik wakker en toch nergens. Soms droom ik terwijl ik denk dat ik leef.

De hersenchirurg komt langs. Hij zegt dat ik een medisch mirakel ben. Dat hij niet begrijpt hoe ik het gered heb.

Ik hoor de woorden, maar ze landen niet. Ze glijden langs me heen, alsof ze voor iemand anders bedoeld zijn. Een mirakel. Dat moet betekenen dat ik geluk heb gehad. Maar dit voelt niet als geluk.

Later pas besef ik wat hij bedoelt. Schedelbreuk. Hersenbloeding. Zware hersenschudding. Dingen die mensen niet overleven. Of als ze het overleven, niet zonder grote schade.

Maar ik leef. Blijkbaar.

Als snel halen ze het verband van mijn hoofd. Een verpleegster vraagt of ik in de spiegel wil kijken.

Ik ben volledig kaalgeschoren. Ik voel. Een grote pleister loopt over mijn achterhoofd. De plaats van het onheil. Daar waar ze mijn schedel terug ineen hebben gepuzzeld. Ik kijk naar mezelf en herken niemand. Het is niet schokkend. Eerder onwerkelijk. Alsof ik naar een foto kijk die verkeerd werd afgedrukt.

Dat ben ik, zeggen ze.

Ik knik. Maar vanbinnen denk ik: wie is dit?

Na een tijdje ga ik naar een gewone afdeling. Dat woord alleen al. Gewoon.

Niets voelt gewoon.

Ik leer opnieuw stappen. Mijn benen weten niet meer wat de bedoeling is. Niet omdat ze beschadigd zijn, maar omdat de verbinding lijkt verdwenen. Alsof ze wachten op instructies die niet meer automatisch komen. Mijn evenwicht is zoek.

Eten lukt nauwelijks. Alles smaakt vreemd of helemaal niet. Slikken kost moeite.

De dagen gaan voorbij in een mist. Ik ben wakker, maar niet helemaal aanwezig. Ik doe wat er van me verwacht wordt. Ik hoor wat ze zeggen. Maar ik zit ergens achter alles. Op afstand van mezelf.

Dan mag ik naar huis. Onverwacht snel. Zoals dat gaat tegenwoordig.

Thuis krijg ik een warm welkom. Liefde. Zorg. Een kring van mensen die willen helpen. En tegelijk is er de confrontatie met alles wat ik niet meer vanzelf kan.

Trappen doen. Evenwicht behouden. Mezelf wassen zonder duizelig te worden. Eten zonder uitgeput te raken. Alles vraagt aandacht, tijd, energie die ik niet lijkt te hebben.

Het huis is vertrouwd. Maar ik ben het niet. Mijn looprekje brengt mij in kamers die van mij zijn, maar ik voel me een bezoeker.

Revalidatie bij de kinesist. Opbouwen. Stap voor stap.

Het fysieke herstel gaat goed. Spectaculair zelfs, zeggen ze. Ik doe wat ik moet doen. Mijn lichaam werkt mee. Het lijkt logisch, lineair. Er is vooruitgang. Dat is meetbaar.

Er is veel hoofdpijn. Non stop. Weken aan een stuk. Een bezoek aan de pijnkliniek zorgt hier uiteindelijk voor de oplossing.

Dan krijg ik een paar 'uitvallen'. Angst voor epilepsie is het gevolg. Onderzoeken allerlei. Tests. Wachten. Gelukkig is het geen epilepsie. Opnieuw geruststellende berichten. Opnieuw opluchting bij anderen.

Ik voel die opluchting niet altijd. Niet omdat ik ondankbaar ben, maar omdat opluchting vraagt om ruimte. En mijn hoofd is vol. Niet van gedachten, maar van een soort constante aanwezigheid van iets wat niet klopt.

En ondertussen: de binnenkant.

Die wordt nergens gemeten. Die heeft geen grafieken. Die vraagt geen scans, maar tijd.

Terwijl mijn lichaam herstelt, begint iets anders pas echt. Iets stiller. Iets dat geen duidelijke vorm heeft. Iets wat niemand ziet, ook ikzelf niet meteen.

De buitenkant wordt langzaam weer functioneel. Ik loop. Ik praat. Ik hoor en zie terug goed. Ik eet. Ik slaap. Ik neem deel aan gesprekken. Ik lach.

Maar de binnenkant blijft fragmentarisch.

Alsof ik mezelf opnieuw moet samenstellen, zonder handleiding. Alsof ik leef met losse stukken, terwijl iedereen denkt dat het geheel er weer is.

Het moment waarop ik besefte dat dit niet tijdelijk was, is moeilijk te plaatsen. Het gebeurde niet op één bepaalde dag. Het was geen schokkend inzicht. Eerder een langzame accumulatie van kleine bevestigingen.

Een moment waarop ik zocht naar een woord en het niet vond. Niet één keer, maar telkens.

Een moment waarop ik een gesprek had en achteraf niet meer wist waarover het ging.

Een moment waarop ik niet meer wist hoe een stofzuiger werkte.

Een moment waarop ik wakker werd en dacht: dit voelt niet zoals vroeger. En dat die gedachte niet verdween, maar bleef.

Eerst probeerde ik het weg te relativeren. Herstel vraagt tijd. Dit is normaal. Dit gaat over.

Maar ergens, stilletjes, groeide het besef: dit is niet iets dat overgaat. Dit is iets dat blijft. Misschien niet zo hevig als nu. Misschien niet altijd even voelbaar. Maar blijvend.

En dat besef deed geen pijn. Het was eerder een soort verstilling. Een moment waarop iets in mij stopte met wachten op een terugkeer naar hoe het was.

Het ongeval zelf is voorbij.

Het is een datum. Een verleden tijd. Iets wat gebeurde en nu achter me ligt.

Maar de fragmenten bewegen nog elke dag met mij mee.

Als iets wat blijft resoneren. Als een echo die niet wil stoppen. Als iets wat mij heeft veranderd op een manier die ik nog steeds aan het ontdekken ben.

Het ongeval is klein geworden. Het past in een paar zinnen.

Maar wat het deed, is groot. En dat begint hier pas.

De connectie met mijn lichaam opnieuw opbouwen

In het begin was mijn lichaam geen geheel meer.

Het was geen pijn. Het was fragmentatie. Als ik mijn aandacht naar mijn rug bracht, leek mijn buik te verdwijnen. Alsof hij er niet meer was. Wanneer ik mijn buik voelde, raakte mijn rug uit beeld. Het was alsof mijn lichaam geen samenhang meer had.

Dat was beangstigend.

Ik kon mezelf niet meer als één geheel ervaren. Ik kon niet tegelijk hier en daar zijn. Niet tegelijk boven en onder. Mijn aandacht maakte stukken aan en liet andere verdwijnen.

Ik herinner mij momenten waarop ik stil zat en probeerde te voelen. Gewoon te voelen. En plots dacht: 'waar is de rest van mij?' Mijn lichaam voelde niet meer als een huis, laat staan als een thuis. Eerder als losse kamers zonder gang ertussen.

Ik durfde het niet altijd benoemen. Het klonk te vreemd. Te vaag. En ik wist zelf niet wat het betekende. Was dit normaal? Ging dit voorbij? Of was dit wat er overbleef?

Wat ik langzaam leerde, was dat terugkeren naar mijn lichaam geen kwestie was van begrijpen, maar van oefenen. Niet forceren. Niet willen voelen wat er niet was. Maar blijven bij wat zich aandiende, hoe klein ook.

Soms begon ik bij mijn voeten. Gewoon voelen dat ze er waren. Op de grond. Soms begon ik bij mijn ademhaling en trachtte ik het parcours van mijn adem in mijn lichaam te volgen. Soms gewoon bij één willekeurige plek die op dat moment wél bereikbaar was. En daar bleef ik. Geduldig wachtend.

Langzaam ontstond er weer verbinding. Het kwam terug in flarden. Ik kon mijn rug voelen zonder mijn buik te verliezen. Ik kon ademen terwijl ik mijn benen voelde. Het voelde als het herstellen van een kaart waarvan stukken waren weggevaagd.

Je lichaam 'bewonen' is blijkbaar iets dat je opnieuw kunt leren.

Ik ben mijn lichaam niet kwijtgeraakt. Ik moest het alleen terugvinden.

Energie is geen karaktereigenschap

Vroeger dacht ik dat energie iets zei over wie je was. Dat wie moe was, waarschijnlijk niet genoeg had geslapen. Of te weinig discipline had. Vermoeidheid hoort bij keuzes. Bij gedrag.

Energie was iets dat je kon oproepen. Iets wat groeide als je wilde. Een bewijs van inzet.

Nu weet ik dat energie zich nergens aan houdt.

Ik kan wakker worden na een nacht die technisch gezien voldoende was, en toch voelt het alsof mijn hoofd al uren aanstaat. Niet druk, niet vol, maar op. Alsof er iets draait zonder geluid te maken. Mijn lichaam doet wat het moet doen, maar met tegenzin. Mijn hoofd volgt op afstand.

Er zijn dagen waarop alles lukt, zolang ik niets toevoeg.

Ik sta op. Ik eet. Ik loop naar buiten voor een wandeling. Dat gaat. Het moment dat ik besluit dat dit een goede dag is en er iets extra's bij wil – een gesprek, een taak, een plan - zakt het geheel in. Niet spectaculair. Gewoon langzaam. Zoals een tent die verkeerd is opgezet.

Het verraderlijke is dat dit van buitenaf niet te zien is.

Ik zie er hetzelfde uit. Ik zit rechtop. Ik antwoord op vragen. Ik lach en ben enthousiast. Maar ergens onderweg verlies ik mezelf uit het oog.

Ik heb dit trachten uit te leggen. Maar ook dàt kost tonnen energie.

Mensen willen nochtans begrijpen waarom. Wat de oorzaak is, hoe lang het nog duurt. Of het beter wordt. Ik wil die vragen ook stellen, maar ze leveren niets op. Ze maken het alleen drukker. Want het laat zich niet sturen.

Rust is geen beloning meer. Het is geen eindpunt na een inspanning. Het is een voorwaarde om überhaupt iets te kunnen doen.

Dat botst met alles wat ik gewend was te denken. Mijn lichaam volgt mijn oude logica niet meer. Het onderhandelt niet. Het corrigeert.

Soms betrap ik mezelf erop dat ik probeer te bewijzen dat het allemaal wel meevalt. Dat ik meer kan dan ik voel. Dat ik toch nog even doorga. Dat ik mezelf wil geruststellen met actie.

Het duurt nooit lang voor mijn lichaam mij corrigeert.

Niet boos.

Niet streng.

Gewoon onverbiddelijk.

Er zit geen heldhaftigheid in stoppen. Geen overwinning. Alleen de vaststelling dat dit is wat nodig is om morgen nog iets te kunnen.

Het lastigste is misschien dat energie vroeger een manier was om mezelf te herkennen. Ik was iemand die veel kon, veel deed, veel wilde. Energie was de onderbouw van mijn handtekening.

Nu moet ik mezelf leren kennen zonder dat criterium.

Dat voelt soms als verlies. Soms als opluchting. Meestal als allebei tegelijk.

Ik ben niet minder geworden.

Ik ben ook niet hetzelfde gebleven.

En misschien is dat niet iets wat opgelost moet worden. Misschien is het iets dat elke dag bekeken wil worden. Zoals je 's ochtends uit het raam kijkt om te zien wat voor weer het is. Niet om het te veranderen. Alleen om te weten hoe je naar buiten gaat.

Terug de fiets op

Ik heb lang moeten wachten voor ik in staat was om terug te fietsen. Na een half jaar was dan toch het grote moment aangebroken.

In het begin stapte ik van mijn fiets bij elk obstakel.

Niet alleen bij iets groots, maar bij alles wat afweek van het alleen-zijn. Een tegenligger. Iemand die wilde voorbijsteken. Een kruispunt. Zodra het fietspad niet meer exclusief van mij was, ging het mis. En dat was dus heel vaak.

Mijn lichaam kon het nog. Mijn benen trapten. Mijn evenwicht was terug. Maar in mijn hoofd gebeurde er iets heel anders. Het werd druk. Vol. Alsof er binnenin plots file ontstond. Teveel prikkels tegelijk, zonder duidelijke volgorde.

Ik wist niet wat ik moest doen. Niet omdat ik het nooit had geleerd, maar omdat het niet meer vanzelf kwam. Vroeger keek ik, stuurde ik bij, allemaal tegelijk zonder nadenken. Nu leek elke mogelijkheid apart te moeten worden overwogen. Blijf ik rechts? Wijk ik uit? Stop ik? Ga ik door?

Tegen het moment dat mijn hoofd een besluit had genomen, was het moment al voorbij.

Dus stapte ik af.

Dat voelde beschamend, ook al was er niemand die keek. Ik stond daar met mijn fiets aan de hand, terwijl anderen gewoon doorreden. Alsof ik iets elementair niet meer kon.

Ik heb dat lang gedaan. Afstappen. Wachten. Kijken tot het weer veilig voelde. Soms draaide ik gewoon om, terug naar huis. Niet uit angst, maar uit overbelasting. Mijn hoofd kon het niet plaatsen.

Wat me geholpen heeft, waren kleine, haalbare stappen.

Ik nam kortere stukken. Rustige paden. Momenten waarop er bijna niemand was. Ik liet mijn brein opnieuw wennen aan beweging in relatie tot de wereld. Aan het feit dat er anderen zijn en dat ik mij daartoe kan verhouden.

Langzaam veranderde er iets.

Eerst begon ik te vertragen in plaats van af te stappen. Later kon ik iemand kruisen zonder dat alles vastliep. Niet elke keer. Maar soms.

Het ging niet lineair. Sommige dagen lukte het beter dan andere. Maar het verschil zat in één ding: ik stapte niet meer automatisch af. Ik gaf mezelf de kans om te blijven.

Nu fiets ik weer. Niet meer zoals vroeger. Wel bewuster. Voorzichtiger. Trager. Met meer aandacht. Ik voel sneller wanneer het teveel wordt en ik weet ook wanneer het een goed moment is.

Fietsen is voor mij een oefening in vertrouwen geworden.

Vertrouwen dat mijn hoofd en mijn lichaam elkaar opnieuw vinden.

Vertrouwen dat ik niet alles vooraf moet weten om te kunnen bewegen.

Vertrouwen dat ik mag stoppen, maar niet altijd hoef af te stappen.

En misschien geldt dit niet alleen voor fietsen.

Misschien is dit hoe ik opnieuw leer deelnemen aan het leven.

Niet door alles in één keer te kunnen, maar door te blijven zitten, ook als het even druk wordt.

Autorijden

Aanvankelijk kon ik zelfs bijna niet meer naast iemand in de auto zitten. Het was een nachtmerrie.

Het ging te snel. Teveel beweging. Teveel indrukken tegelijk. De weg, het verkeer dat langs mij voorbij vloog ... Alles kwam binnen zonder filter. Mijn hoofd probeerde te volgen, maar raakte meteen achterop. Compleet overspoeld. Alsof ik naar een film keek die versneld werd afgespoeld, zonder pauzeknop. Ik werd er duizelig en misselijk van.

Ik zat naast de chauffeur, maar ik was nergens.

Het besef dat ik zelf ooit reed – vlot, vanzelfsprekend - maakte het niet gemakkelijker. Het voelde alsof ik iets moest heropbouwen vanaf nul, met andere regels.

Toen ik voor het eerst weer zelf achter het stuur ging zitten, enkele maanden na het ongeval, was dat niet op de weg. Wel op een leegstaande parking, op een verloren zondagmorgen. Geen verkeer. Geen verwachtingen. Alleen ruimte.

Ik reed een paar meter. Misschien vijftig. Toen was het genoeg.

Mijn hoofd zat al vol. Stuur vasthouden, gas doseren, kijken, voelen waar de auto was. Het waren geen afzonderlijke handelingen meer die samenvielen. Ze stonden los naast elkaar, allemaal vragend om aandacht. Dat kostte meer energie dan ik had.

Ik stapte uit met knikkende knieën van vermoeidheid.

Dat was het tempo. Vijftig meter. Stoppen. Ademhalen. Volgende keer misschien honderd meter. Of opnieuw vijftig.

Er waren dagen waarop ik het idee had dat ik achteruitging. Dagen waarop zelfs de parking teveel was. En dan weer dagen waarop iets klikte. Niet alles, maar net genoeg om de moed erin te houden.

Het opbouwwerk was er eentje met vele kleine overwinningen. Geen 'en toen lukte het plots'. Alleen herhaling. Geduld. De bereidheid om te stoppen voordat het mis ging, niet erna. En de voldoening van het vieren van elk succes, hoe klein ook.

Autorijden is meer dan rijden, besefte ik. Het gaat over het vermogen om meerdere dingen tegelijk te laten bestaan zonder dat ze elkaar verdringen.

Dat vermogen moest terugkomen. En daarvoor had ik veiligheid nodig. Mijn brein moest opnieuw ervaren: dit kan en dit mag op jouw tempo.

Nu rijd ik weer. Niet overal. Niet altijd.

Ik weet wanneer het kan. Ik weet wanneer niet. En ik luister daar ook naar. En dat is misschien de grootste verandering.

Autorijden is voor mij geen vanzelfsprekendheid meer. Het is een samenspel geworden tussen aandacht, energie en vertrouwen. Tussen weten en voelen.

En telkens wanneer ik de motor start, besef ik: dit is geen kleine stap. Dit is het resultaat van ontelbaar veel kleine momenten waarop ik op tijd ben gestopt.

En dat, heb ik geleerd, is ook vooruitgaan.

Wat nog smaakt, maar anders

Het begon met niets.

Niet met een gebrek, maar met afwezigheid. Alsof iemand een schakelaar had omgezet waar ik het bestaan niet van kende. Mijn reuk en smaak waren weg. De fijne zenuwen die deze zintuigen doen werken, waren door de val afgescheurd.

Koffie was warm en bitter, maar verder vooral dat: warm. Eten had structuur, temperatuur, volume. Betekenis was er nauwelijks.

In het begin dacht ik dat het tijdelijk was. Dat het zou terugkomen zoals dingen meestal terugkomen: ongemerkt, vanzelf. Ik bleef ruiken aan potjes, aan fruit, aan mezelf na het douchen. Ik wachtte op een herkenning die uitbleef. Het was vervreemdend. Alsof ik door een vertrouwde straat liep waar alle namen van waren weggehaald.

Wat me het meest verbaasde, was hoe mensen hierop reageerden: 'wees blij dat het niet je zicht of je gehoor is'. Zien en horen zijn grote zintuigen, die krijgen begrip. Reuk en smaak leven ergens aan de rand. Tot ze verdwijnen. Dan merk je hoezeer ze je verankeren zonder dat je het doorhad.

Langzaam kwam er iets terug. Geen helder signaal, maar flarden. Soms herkende ik iets pas achteraf. Dit was waarschijnlijk koffie. Dit moet sinaasappel zijn geweest. In dat gerecht zitten veel kruiden. Het voelde alsof mijn hoofd gokte, op basis van herinnering in plaats van waarneming.

Er zijn dagen waarop ik denk: dit is het nu. Dit halve terugkeren, dit onbetrouwbare systeem. En er zijn dagen waarop iets onverwachts binnenkomt – een geur die ineens wél klopt – en me kortstondig hoopvol maakt. Dat is misschien het lastigste: dat het niet stabiel is. Niet weg, niet terug. Iets ertussenin.

Eten is daardoor veranderd. Ik eet trager. Minder gedachteloos. Soms met teleurstelling, soms met verbazing. Textuur is belangrijker geworden. Warmte. Hoe het eruit ziet. En het idee van smaak, meer dan de smaak zelf.

Ik merk ook wat het met herinneringen doet. Geur was altijd een snelle weg terug. Eén moment en je was ergens anders. Die weg is nu deels afgesloten. Ik moet omrijden. Via woorden, via beelden. Het kost meer moeite.

Artsen zeggen dat het kan verbeteren. Of ook niet. Dat het tijd nodig heeft. Of dat tijd niets meer doet. Ik knik. Het is niet dat ik hun woorden niet begrijp, het is dat ze geen richting geven. Verwachting vraagt om houvast, en dat is er niet.

Ik leef nu met twee zintuigen die op proef draaien. Die soms meewerken, soms niet. Ik probeer er geen conclusies aan te verbinden. Niet te denken: dit is het maximum. En ook niet: dit is nog maar het begin. Beide gedachten zijn even vermoeiend.

Wat ik wel weet, is dat ik anders proef dan voorheen. Niet alleen met mijn mond, maar met aandacht. Met herinnering. Met geduld. Misschien is dat geen vervanging. Misschien ook wel geen verlies dat gecompenseerd kan worden.

Het is iets wat nog onderweg is.

Net als ik.

En onderweg zijn is ook een vorm van aankomen.

Deel 2: Wanneer denken geen betrouwbare gids meer is

Mijn hoofd is geen vijand geworden.

Maar ook geen gids meer.

Mijn hoofd is geen betrouwbare verteller meer

Er was een tijd waarin ik mijn hoofd vertrouwde. Niet blind, maar vanzelfsprekend. Wat ik dacht, had meestal samenhang. Wat ik voelde, kon ik plaatsen. Wat ik besloot, had een richting.

Dat is veranderd.

Mijn hoofd vertelt nog steeds verhalen, maar ik weet niet meer altijd of ze kloppen. Soms klinken ze logisch, overtuigend zelfs. En toch blijken ze me later nergens naartoe te brengen. Dan heb ik gedacht, gepland, beslist en blijft er niets meer over behalve vermoeidheid.

Er zijn momenten waarop ik iets zeker weet. Dat dit teveel is. Dat dit niet lukt. Dat ik dit vandaag niet aankan. Het voelt helder. Afgebakend. Waar.

En dan zijn er momenten waarop hetzelfde hoofd zegt dat het eigenlijk wel gaat. Dat ik me aanstel. Dat ik dit vroeger ook kon. Dat ik gewoon even door moet zetten.

Beide stemmen klinken even echt.

Vroeger kon ik die innerlijke dialoog ordenen. Afwegen. Beslissen. Nu lijkt het alsof mijn hoofd sneller conclusies trekt dan ik kan bijhouden. Alsof het wil helpen, maar te weinig informatie heeft.

Er zijn dagen waarop mijn denken vertraagt zonder waarschuwing. Zinnen beginnen, maar komen niet aan. Gedachten blijven halverwege hangen. Ik weet wat ik wil zeggen, maar niet hoe ik er geraak. Het voelt alsof ik in een kamer sta waar het licht gedimd is. Alles is er nog, maar ik moet tasten.

Op zulke momenten vertrouw ik mezelf niet. Niet omdat ik bang ben, maar omdat mijn kompas niet meer stabiel staat. Wat gisteren mogelijk was, is dat vandaag misschien niet. Wat daarnet nog helder leek, is plots onbereikbaar.

Ik heb moeten leren om niet meteen te handelen naar wat mijn hoofd vertelt. Om te vertragen. Om te checken. Om niet alles te geloven wat zich als waarheid aandient.

Dat is lastig. Mijn hoofd was altijd mijn sterkste instrument. Nu moet ik er voorzichtig mee omgaan. Alsof ik werk met iets dat plots veel gevoeliger is geworden. Niet kapot, maar fragiel.

Soms helpt het om niets te beslissen. Om een gedachte te laten passeren zonder haar gewicht te geven. Dat voelt onnatuurlijk. Ik was iemand die richting gaf. Nu leer ik om ruimte te laten.

Er zit ook schaamte in. Dat spreek ik zelden uit. Schaamte dat ik mezelf niet meer zomaar kan vertrouwen. Dat ik twijfel aan iets wat vroeger vanzelf ging. Alsof ik een vaardigheid ben kwijtgeraakt die deel uitmaakte van mijn identiteit.

En toch brengt dit ook iets anders met zich mee.

Ik luister anders. Voorzichtiger. Minder overtuigd. Ik hoor nuance waar ik vroeger snelheid hoorde. Ik stel vragen die ik vroeger niet nodig vond.

Misschien is dat wat mijn hoofd aan het leren is. Niet hoe het sneller kan, maar hoe het zachter kan zijn. Minder dwingend. Minder zeker van zichzelf.

Mijn hoofd vertelt nog steeds verhalen.

Ik luister nog steeds.

Maar ik geloof ze niet meer automatisch.

En dat, merk ik, is niet alleen maar verlies. Het is ook een opening.

Dagen vol vragen

Er zijn dagen waarop ik alleen maar vragen heb.

Geen grote, existentiële vragen met hoofdletters. Gewoon veel kleine.

Hoe doe ik dit vandaag?

Is wat ik nu voel tijdelijk of blijvend?

Moet ik hier doorheen of moet ik stoppen?

Ben ik te voorzichtig?

Hou ik mezelf tegen?

Deze vragen komen omdat mijn hoofd zoekt naar houvast en het niet vindt.

Op die dagen tracht ik geen antwoorden meer te forceren. Ik heb geleerd dat dit zinloos is. Antwoorden die te snel komen, kloppen meestal niet. Ze maken iets dicht wat nog open moet blijven.

Wat ik dan wel doe, is de vragen laten liggen. Alsof ik ze op tafel leg en zeg: 'jullie mogen er zijn, maar ik hoef jullie vandaag niet op te lossen.'

Dat is moeilijker dan het klinkt.

Ik ben iemand die gewend was om helderheid te scheppen. Om lijnen te trekken, beslissingen te nemen. Nu merk ik dat helderheid soms ontstaat door te verdragen dat je het niet weet.

Sommige vragen hebben tijd nodig. Andere hebben een ander lichaam nodig dan het mijne vandaag. En weer andere bleken achteraf niet de juiste vragen te zijn.

Ik merk ook dat antwoorden vaak niet komen op de dagen dat ik ze zoek. Ze dienen zich aan wanneer ik wandel. Wanneer ik de planten water geef. Wanneer ik niets probeer te begrijpen.

Op dagen vol vragen leer ik iets anders: aanwezig blijven zonder kader. Niet weglopen. Niet dichtklappen. Gewoon blijven.

Misschien is dat ook een vorm van wijsheid die ik vroeger te vaak oversloeg. Omdat ik te snel wilde doorgronden, te snel vooruit.

Nu leer ik leven met open eindes. Met zinnen zonder punt. Met vragen die nog even meegaan.

En vreemd genoeg maakt dat mij niet leeg.

Het maakt mij zacht.

Positiviteit is geen verdoving

Ik heb gemerkt dat positiviteit vaak verkeerd begrepen wordt.

Alsof het betekent dat je moeilijke gevoelens wegduwt. Dat je snel overschakelt naar 'het komt wel goed', 'alles in het leven heeft een reden', 'anderen hebben het erger'. Alsof je pijn pas aanvaardbaar is wanneer je ze onmiddellijk neutraliseert.

Dit is niet wat positiviteit voor mij betekent.

Wat ik nu nogmaals bevestigd zie, is dat echte positiviteit niets te maken heeft met het ontkennen van wat moeilijk is. Ze vraagt net het omgekeerde: dat je het toelaat. Dat je het ziet. Dat je erbij blijft zonder het meteen te willen oplossen.

Verdriet dat geen ruimte krijgt, verdwijnt niet. Het zoekt andere wegen. Vermoeidheid die genegeerd wordt, keert terug als uitputting. Angst die wordt weggeduwd, nestelt zich dieper.

Er zijn dagen waarop alles onmogelijk lijkt. Niet een beetje moeilijk, maar fundamenteel onhaalbaar. Dagen waarop mijn hoofd geen volgorde vindt, geen opening voelt, geen perspectief ziet. Alles wat ik ken aan hoop, energie, richting, veerkracht, lijkt dan even niet beschikbaar. Niet omdat ik pessimistisch ben, maar omdat mijn brein het simpelweg niet lijkt te kunnen oproepen.

Dat soort dagen hebben niets te maken met ingesteldheid. Ze zijn lichamelijk. Neurologisch. Ze overvallen mij.

In het begin was mijn reflex: mezelf verwijten dat ik het niet goed genoeg deed. Als coach en trainer in persoonlijke ontwikkeling moest ik hier toch veel beter kunnen mee omgaan? Dat werkte niet. Integendeel. Het maakte het erger.

Ik leerde beetje bij beetje toepassen wat ik al jaren aan mensen onderwees, namelijk: dat echte positiviteit niet begint bij het tegendeel van negativiteit. Ze begint bij erkenning.

Positiviteit die moeilijke gevoelens uitsluit, is geen kracht. Het is een vorm van controle. En controle vraagt energie die ik niet meer heb.

Wat voor mij wél werkt, is iets anders.

Ik laat toe dat een dag zwaar is. Dat ik verdrietig ben. Dat ik boos ben. Dat ik het niet zie zitten. En pas daarna kijk ik of er ergens een klein stukje ruimte is. Niet om het zware te neutraliseren, maar om het te kunnen dragen.

Soms is dat douchen. Soms is dat een gesprek, een korte wandeling, één gedachte die niet zwaar is.

Dat zijn geen oplossingen. Dat zijn ankerpunten, waar ik mijn dag zachtjes aan kan aanhaken.

Ik heb geleerd om het licht niet te gaan zoeken in iets groots, in iets dat alles moet verhelderen. Licht is voor mij iets kleins geworden, iets lokaal. Een klein gebied waar het net iets minder donker is.

Een warme kop thee.

Een plant die groeit zonder zich iets van mij aan te trekken.

Donker en licht kunnen naast elkaar bestaan: verdriet en dankbaarheid, angst en vertrouwen, vermoeidheid en hoop.

Ik hoef niet te kiezen. Ik laat alleen het donker niet alles innemen.

Het is een subtiele beweging: niet meegaan in de negativiteit, maar ook niet erboven willen staan. Geen geforceerde 'alles komt goed', maar de keuze om niet alles als verloren te verklaren.

Soms is die keuze bijna onzichtbaar. Soms voelt ze als weerstand tegen de zwaarte. Maar ze is echt. En ze werkt. Niet spectaculair, maar betrouwbaar.

Het is zorg dragen voor jezelf, middenin wat zwaar is.

Het is op zoek gaan naar iets wat niet kapot is. Al is het klein. Al is het tijdelijk.

Ik noem het haalbare positiviteit.

Positiviteit is voor mij geen emotie meer. Het is een innerlijke houding. Een manier om aanwezig te blijven, ook wanneer het schuurt. Een keuze om niet te doen alsof alles goed is, maar ook niet te concluderen dat alles verloren is.

En dat vraagt meer moed dan ik ooit had gedacht.

Misschien is dit wel de meest volwassen versie van positiviteit: geen laag vernis op een beerput, maar blijven staan. En volgens mij is het daar waar echte hoop ontkiemt.

De woorden die ik mezelf geef

Soms zit ik vast in mijn hoofd.

Ik kan dit niet. Het lukt me niet. Dit is te zwaar.

Die zinnen draaien rond, op herhaling. Ze voelen niet als gedachten die langskomen. Ze voelen als muren. Hard. Dicht. Overal.

Ik bots ertegen. Keer op keer. En ik kreeg die muren in het begin niet gesloopt.

Op een dag – ik weet niet meer wanneer precies – probeerde ik iets anders.

Omdat ik moe was van die muren. Omdat ik iets wilde voelen dat niet zo hard was.

Ik zei tegen mezelf: 'vandaag is één stapje genoeg.' Iets wat ik ontelbare keren aan anderen had geleerd en nu blijkbaar zelf vergeten was. Eén stapje.

Het voelde raar. Alsof ik mezelf voor de gek hield. Maar ik bleef het herhalen. Genoeg.

En er gebeurde iets kleins.

De muur bewoog niet. Maar ik wel. Ik keek niet meer alleen naar wat niet lukte. Ik zag ook wat er wél mogelijk was. Dat ene stapje. Dat ene moment waarop het even lukte.

Dat was een ommekeer. Ik had de weg teruggevonden naar nieuwe woorden in mijn hoofd. Woorden die helpend waren.

Op momenten dat ik vastloop, zoek ik ernaar.

Vandaag doe ik wat ik kan. Dit hoeft niet af. Ik ben hier, dat telt.

Het zijn geen grote zinnen. Geen affirmaties die ik mezelf opdring. Ze voelen meer als kleine correcties. Alsof ik mezelf even rechtop zet zonder te forceren.

Soms gebruik ik ook beelden.

Op een dag, toen ik me doodmoe voelde en niet wist hoe het verder moest, zag ik ineens een deur voor me. Gewoon een deur. Open. Niet groot, niet indrukwekkend. Gewoon daar.

Ik weet niet waar dat beeld vandaan kwam. Het was er gewoon.

En het hielp.

Het zei niet: ga erdoor. Het zei: er is een opening. Dat is genoeg om te weten.

Ik hoefde niet meteen iets te doen. Ik hoefde alleen te zien dat er een weg was, ook al wist ik niet waar die naartoe liep.

Ik merk dat ik op die momenten iets doe wat ik vroeger beroepsmatig bij anderen deed. Observeren. Benoemen. Ruimte maken voor wat er is, zonder het meteen te willen veranderen.

Alleen doe ik het nu voor mezelf.

Als iemand die zoekt. Die uittest wat werkt. Die soms iets vindt dat helpt, en soms niet.

Het voelt anders dan ik dacht.

Niet sterker. Zachter.

Het werkt niet altijd even goed. Voor een herstellend brein gelden andere regels.

Er zijn dagen waarop de oude gedachten luider zijn. Waarop de muren dichterbij staan dan de deur. Waarop ik mezelf geen woorden kan geven die landen.

Dan laat ik het.

Ik vecht er niet tegen. Ik probeer ook niet te forceren dat het wél lukt. Ik laat het gewoon zijn.

En soms – niet altijd, maar soms – komt er later toch een opening. Een klein beeld. Een zin die klopt. Een moment waarop ik merk: ik heb een stapje gezet. En dat is genoeg.

Het geeft hoop.

En hoop is niet iets wat je claimt of afdwingt. Het is iets wat zich laat zien, in kleine dingen. In een stapje. In deuren die openstaan zonder dat je weet waarheen.

En die kleine dingen zijn vaak genoeg om door te gaan.

Omdat er 'iets' is. Iets wat klopt. Iets wat zegt: je bent hier. En dat telt.

Veerkracht, maar dan anders

Veerkracht was altijd een deel van mij.

Dat is niet verdwenen.

Vroeger had ze vaart. Ze had richting. Ze zat in doorzetten, in oplossingen zoeken, in vooruit blijven bewegen. Ze was zichtbaar. Herkenbaar. Soms zelfs bewonderd.

Ik was iemand die niet snel opgaf. Die doorging wanneer het moeilijk werd. Die zichzelf overeind hield, ook als het wankelde. Mensen zagen dat. Ze noemden het kracht. Ik ook.

Het werkte. Vaak. Maar het had ook iets ongeduldig.

Alsof stilstaan niet mocht. Alsof twijfelen niet aan de orde was. Alsof veerkracht betekende dat je altijd overeind bleef, hoe hard de klap ook was.

Na mijn val veranderde mijn veerkracht van vorm.

Ik herkende haar eerst niet meer.

Ik verwachtte dezelfde kracht, dezelfde alertheid, dezelfde innerlijke motor. Maar die bleef uit. In de plaats daarvan kwam iets wat ik niet meteen kon benoemen. Iets stiller. Iets taaier.

Mijn veerkracht zit nu niet meer in snelheid.

Ze zit in 'blijven'.

In opstaan zonder plan.

In stoppen zonder schaamte.

In mezelf gezelschap blijven houden wanneer het moeilijk wordt.

Soms begrijp ik zelf niet waar ze vandaan komt.

Op dagen waarop alles zwaar voelt. Waarop mijn hoofd niet meewerkt. Waarop mijn lijf zegt: 'niet nu'. Op die dagen zou ik verwachten dat veerkracht verdwijnt.

Maar ze is er. Anders dan vroeger, maar aanwezig.

Stilletjes.

Ze zit in het feit dat ik mijn ogen weer open doe, ook na een nacht waarin ik dacht: dit is te veel. Ze zit in het feit dat ik rechtsta, ook als ik niet weet waarheen. Ze zit in het feit dat ik blijf leven binnen de grenzen van wat kan, zonder mezelf daarvoor te veroordelen.

Ik heb momenten gehad waarop ik dacht dat ik haar kwijt was.

Momenten waarop ik mezelf zwak vond, twijfelend, te traag. Waarin ik dacht: 'dit is geen veerkracht, dit is overleven'.

Pas achteraf zag ik dat veerkracht zich toen anders had getoond. Niet als kracht die vooruit duwt, maar als uithouding. Als vermogen om te blijven, ook wanneer alles zegt: stop.

Ze helpt me niet om alles aan te kunnen.

Ze helpt me om te leven binnen wat haalbaar is.

Vroeger duwde veerkracht me vooruit.

Nu houdt ze me recht.

Vroeger zat ze in wat ik deed. Nu zit ze in hoe ik ben.

Ik merk het aan kleine dingen.

Aan het feit dat ik, na een dag waarop niets lukte, de volgende ochtend toch weer met nieuwe moed uit bed kom. Niet omdat ik moet, maar omdat er iets in mij is dat zegt: 'een nieuwe dag met nieuwe kansen.'

Aan het feit dat ik blijf zoeken naar manieren om te leven, ook wanneer het leven anders is dan ik had gedacht.

Dat vraagt ook veerkracht. Misschien zelfs meer dan vroeger.

Ik herinner me een moment, maanden na het ongeval.

Ik zat in de zetel. Moe. Leeg. Overweldigd door alles wat niet meer ging zoals het ging. Ik had niets gedaan die dag, en toch voelde het alsof ik een berg had verzet.

Er was een zachte stem in mij die zei: 'je bent hier. Je ademt. Je bent niet verdwenen.'

Dat is ook veerkracht.

Ik begreep het toen nog niet helemaal. Maar ik voelde het wel.

Dat blijven, dat ademhalen, dat 'niet opgeven ook al lijkt het zo', dat was mijn veerkracht.

Veerkracht heeft haar spieren ingeruild voor wortels.

Ze houdt me in het hier en nu.

Ze vraagt geen applaus. Ze vraagt ruimte.

En misschien is dat wat veerkracht werkelijk is.

Niet altijd overeind blijven.

Maar blijven bestaan, ook wanneer je buigt.

Ik zie het ook bij anderen.

Bij mensen die zeggen: 'ik ben niet meer zo veerkrachtig als vroeger.' Alsof veerkracht alleen telt wanneer je snel terug veert. Wanneer je doorgaat zonder te haperen. Wanneer je jezelf overeind houdt zonder zichtbare moeite.

Maar dat is een te smalle definitie.

Veerkracht is ook dit: blijven ademen wanneer alles zwaar is. Bij jezelf blijven wanneer niemand kijkt. Stoppen voordat je breekt, in plaats van doorduwen tot je valt. Ruimte maken voor wat pijn doet, zonder erin te verdrinken.

Dat is niet zwak. Dat is een andere vorm van kracht.

Ik heb moeten leren dat veerkracht niet betekent dat je ongebroken bent.

Het betekent dat je blijft bewegen, ook wanneer je gebroken bent geweest.

Dat je jezelf opnieuw leert kennen. Opnieuw leert vertrouwen. Opnieuw leert leven, maar dan anders.

Dat je niet terugveert naar wie je was, maar voorzichtig groeit naar wie je kunt worden.

Mijn veerkracht heeft me niet gespaard van pijn.

Ze heeft me niet gevrijwaard van momenten waarop ik dacht: 'dit red ik niet'.

Maar ze heeft me wel iets gegeven: het vermogen om te blijven, ook op die momenten. Om niet te vluchten. Niet mezelf te verlaten. Niet te stoppen met hopen.

Er zijn nog steeds dagen waarop ik haar niet voel.

Dagen waarop ik denk: 'ik heb niets meer. Geen energie. Geen richting. Geen kracht om door te gaan.'

Maar dan blijkt dat ze er toch is. Als een stille aanwezigheid die zegt: je bent hier nog. En dat is genoeg.

Ik weet nu dat veerkracht niet iets is wat je verliest of behoudt.

Het is iets wat mee verandert. Mee evolueert. Zich aanpast aan wat je kunt dragen.

Vroeger was mijn veerkracht groot, zichtbaar.

Nu is ze klein, stil, diep.

Ik geloof niet meer dat veerkracht alleen telt wanneer ze indruk maakt.

Ze telt ook wanneer niemand het ziet.

Ze telt ook wanneer ik alleen ben, in de zetel, uitgeput, en toch denk: 'morgen probeer ik het opnieuw.'

Veerkracht is een keuze. Een dagelijkse keuze.

Niet de keuze om te blijven rennen.

Maar de keuze om te blijven zijn.

Veerkracht zit niet in hoe snel je terug veert,

maar in het feit dat je überhaupt blijft.

Ook wanneer het langzaam gaat.

Ook wanneer het schommelt.

Ook wanneer niemand het ziet.

Ik ben niet minder veerkrachtig geworden.

Ik ben 'anders veerkrachtig' geworden.

En dat is misschien wel de grootste kracht die ik ooit heb gekend.

Deel 3: Samenleven in een ongelijke verdeling

Relaties veranderen niet persé omdat mensen dat willen,

maar omdat het evenwicht verschuift.

En daar bestaat geen handleiding voor.

De mensen die bleven en de mensen die niet wisten hoe

Ziekte filtert.

Niet omdat mensen verdwijnen uit onwil, maar omdat nabijheid vaardigheden vraagt die niet iedereen heeft. Het vraagt blijven zonder oplossing. Luisteren zonder richting. Aanwezig zijn zonder iets te herstellen.

Dat is moeilijker dan het lijkt.

Er zijn mensen die bleven. Niet spectaculair. Niet altijd met de juiste woorden. Maar ze waren er. Ze vroegen niet telkens hoe het ging. Of juist wel, maar zonder verwachting. Ze konden verdragen dat mijn antwoorden veranderden. Dat ik soms helder was en soms niet. Dat plannen vloeibaar werden.

Bij hen hoefde ik niets te bewijzen.

Ze namen mijn tempo niet persoonlijk. Ze maakten geen verhaal van mijn grenzen. Ze lieten me toe om te verschijnen zoals ik was die dag. Gewoon als mens.

En er zijn mensen die het niet wisten.

Die goed begonnen. Die informeerden. Die hoopvol waren. Maar die gaandeweg ongemakkelijk werden. Omdat het niet sneller ging. Omdat ik niet terugkeerde naar een voor hen herkenbare versie van mezelf.

Ze begonnen te duwen, zacht maar voelbaar. Met zinnen als: 'je moet het positief blijven zien.' Of: 'kijk eens welke weg je al hebt afgelegd!' Of: 'het had allemaal veel erger kunnen aflopen.'

Ik weet dat ze het goed bedoelden.

En toch voelde het alsof ik hen moest geruststellen, terwijl ik zelf zoekende was.

Sommigen haakten af. Stil. Zonder conflict. Ze stopten met vragen. Met voorstellen. Met nabijheid. Ik nam het hen niet kwalijk. Niet iedereen kan omgaan met iets wat geen richting heeft.

Wat me het meest raakte, was niet wie verdween, maar hoe zichtbaar het verschil werd. Hoe duidelijk het werd bij wie ik kon ademen en bij wie ik mezelf moest vasthouden.

Relaties veranderden van toon. Van vanzelfsprekendheid. Van diepte. Ik begon te voelen welke verbindingen gedragen werden door activiteit en welke ook konden bestaan in stilstand.

Dat inzicht was pijnlijk en verhelderend tegelijk.

Ik leerde ook mezelf beter kennen in hoe ik in relaties functioneerde. Hoe snel ik wilde geruststellen. Hoe vaak ik mijn ervaring verkleinde om het voor anderen draaglijk te maken. Hoe moeilijk het was om ruimte in te nemen met iets wat geen oplossing had.

Bij de mensen die bleven, hoefde ik dat niet te doen.

Daar mocht het blijven schuren. Onzeker zijn. Wisselen. Daar was mijn ervaring niet te veel. En dat gaf meer rust dan welke uitleg ook.

Ik heb geleerd dat nabijheid niets te maken heeft met begrip. Maar alles met bereidheid. Bereidheid om te blijven, ook wanneer je niets kunt doen.

Dat is geen verdienste. Het is een capaciteit. En niet iedereen beschikt erover.

Ik neem het niemand kwalijk.

Maar ik vergeet het verschil niet.

Wat ik niet kan overnemen

Er is een soort machteloosheid waar geen oplossing voor bestaat.

Ik zie hoeveel werk er op de schouders van mijn man terechtkomt. Niet één extra taak, maar een verschuiving van bijna alles. Dingen die vroeger vanzelf verdeeld waren, zijn nu stilzwijgend bij hem beland. Praktisch. Financieel. Organisatorisch. Emotioneel ook.

Ik zie het. Elke dag. Ook nu nog, maanden na het ongeval.

Ik weet niet hoe hij het volhoudt. En misschien weet hij het zelf ook niet. Hij doet het gewoon. Zonder morren. Zonder grote woorden. Met veel zorgzame liefde. Alsof het logisch is dat hij dit draagt. Alsof er geen andere optie is.

Soms zie ik hoe moe hij is. Dan breekt er iets in mij.

Omdat ik niets kan doen.

Ik kan het niet overnemen. Ik kan het niet compenseren. Ik kan het zelfs niet verlichten zoals ik zou willen. Mijn hoofd en mijn energie laten dat niet toe. En dat botst met alles wat ik gewend was te zijn: iemand die meedraagt, meedenkt, samen vooruit gaat.

Ik ben dankbaar voor hem. Intens dankbaar. Dankbaarheid maakt het niet lichter. Soms maakt ze het net zwaarder. Omdat ik voel hoe groot het is wat hij doet, en hoe klein mijn bijdrage daar tegenover lijkt.

Er zijn momenten waarop ik zou willen ruilen. Gewoon één dag. Dat hij kan rusten en ik het even overneem. Omdat het zo oneerlijk voelt.

En tegelijk weet ik: dit is geen kwestie van willen. Dit is geen kwestie van karakter of inzet. Dit is wat er nu is.

Ik leer hier iets wat ik nooit had willen leren:

dat liefde soms betekent dat je moet verdragen dat de ander meer draagt dan jij.

En dat dat niets zegt over hoe graag je zou willen helpen.

Er zijn geen juiste woorden voor dit gevoel.

Alleen het stille besef: dit doet pijn, en het mag pijn doen.

Wat me overeind houdt, is dat hij er is. Standvastig en betrouwbaar. Met liefde die zich blijft verdiepen. En dat we, hoe fragiel ook, dit samen dragen. Niet in evenwicht. Niet netjes verdeeld.

Maar samen.

Minder kameleon

Vroeger kon ik mij moeiteloos aanpassen.

Ik voelde snel aan wat er nodig was in een ruimte, bij een gesprek, in een groep. Ik verschoof vanzelf. Niet omdat ik mezelf kwijt was, maar omdat het gemakkelijk was. Omdat het werkte. Omdat ik daar goed in was.

Ik noem het nu: mijn 'kameleon zijn'.

Dat had veel voordelen. Ik kon verbinden. Afstemmen. Meebewegen. Mensen voelden zich snel op hun gemak bij mij. En dat was wederzijds.

Sinds het ongeval werkt dat niet meer zoals vroeger.

Ik kan nog wel afstemmen, maar niet eindeloos. Ik voel sneller wanneer iets niet klopt. En vooral: ik kan mezelf minder gemakkelijk opzij schuiven. Omdat het te veel energie kost.

Mijn energie laat het niet meer toe om overal bij te horen.

Dat is soms pijnlijk. Ik merk dat ik sneller uit gesprekken stap, sneller zwijg, sneller afstand neem. Niet omdat ik geen interesse heb, maar omdat de prijs te hoog is achteraf.

Ik voel ook dat ik minder mee lach om dingen die niet kloppen voor mij. Minder over me heen laat gaan. Minder bereid ben om me te plooien om het comfortabel te houden voor anderen.

Dat voelt ongemakkelijk. Voor mij, en soms ook voor de ander.

Er zijn momenten waarop ik dit betreur. Waarin ik denk: vroeger had ik dit vlot opgevangen. Vroeger was ik flexibeler, socialer, makkelijker. Dat klopt. Ik was ook vaker moe zonder het te merken.

Dit alles is een verschuiving van loyaliteit.

Ik ben minder loyaal geworden aan de situatie.

En meer aan mezelf.

Dat maakt mijn aanwezigheid anders. Misschien minder glad. Minder aangepast. Maar ook echter. Rustiger. Duidelijker.

Ik hoef niet meer overal in te passen.

Ik hoef niet meer overal iets van mezelf achter te laten.

Ik ben minder kameleon.

En misschien ben ik daardoor voor het eerst echt zichtbaar.

Sociale vermoeidheid

Ik ben graag onder de mensen.

Dat is niet veranderd.

Ik hou van gesprekken, van nabijheid, van lachen, van samen zijn zonder dat het iets moet opleveren. Ik was nooit iemand die zich afzonderde. Mensen gaven me energie. En ik gaf energie terug.

En toch maken mensen me nu vaak moe.

Dat is een vreemde spreidstand om in te leven. Het verlangen blijft, maar mijn lichaam volgt niet altijd. Mijn hoofd verwerkt trager, dieper, intensiever. Elk gesprek vraagt meer dan het vroeger deed.

Het zit niet in de inhoud.

Het zit in de hoeveelheid.

Stemmen. Blikken. Stiltes. Subtiele verschuivingen in een gesprek. Mijn systeem registreert alles, maar kan het niet meer vanzelf laten passeren. Wat vroeger op de achtergrond bleef, komt nu binnen op de voorgrond.

Ik kan intens genieten van mensen. En tegelijk na een uur voelen dat het op is. Verzadigd. Alsof er geen ruimte meer is om nog iets toe te laten.

Dat maakt keuzes lastig.

Want hoe zeg je dat je graag komt, maar niet lang blijft?

Hoe leg je uit dat het fijn was, ook al moet je daarna herstellen?

Hoe leef je met het besef dat nabijheid iets is wat je moet doseren?

Ik merk dat ik sneller 'nee' zeg. En dat dat me pijn doet. Ik mis hoe het vroeger ging. Ik was iemand die bleef. Nu ben ik iemand die op tijd vertrekt.

Sommige mensen begrijpen dat moeiteloos. Ze voelen het aan. Ze laten ruimte zonder dat het afstand wordt. Bij hen mag ik zijn zoals het nu is.

Andere mensen raken gekwetst. Of verward. Ze nemen het persoonlijk. Alsof mijn vermoeidheid iets zegt over hen. Dat is moeilijk. Want ik wil hen niet afwijzen.

Ik leer langzaam dat nabijheid niet zit in duur, maar in kwaliteit. Dat één gesprek genoeg kan zijn. Dat aanwezigheid niet gemeten wordt in uren, maar in echtheid.

Ik ben nog steeds graag onder de mensen.

Maar ik ben ook iemand geworden die eerder moe is.

Dat is geen tegenstelling die opgelost moet worden.

Het is een realiteit die gedragen wil worden.

Deel 4: Wie ben ik als ik niet meer kan bijdragen zoals vroeger?

Dit deel gaat niet over werk.

Het gaat over wie je wordt

wanneer werk niet langer bevestigt wie je bent.

Ik hoef niet meer te worden wie ik was

Er is een versie van mij die mensen zien.

Ze voert enthousiast een gesprek. Stelt vragen. Luistert. Glimlacht. Is aanwezig. Betrokken. Op haar plaats.

En dan is er wie ik ben wanneer niemand kijkt.

Die versie is stiller. Langzamer. Minder zeker van wat een volgende stap is.

Ik merk het wanneer de deur dichtvalt. Wanneer het gesprek voorbij is. Wanneer ik alleen ben met de stilte. Dan zakt alles wat ik heb gedragen langzaam weg. Dan is er leegte. Alsof ik iets heb neergelegd waarvan ik niet wist dat het zo zwaar was.

Vroeger was alleen zijn iets neutraals. Soms zelfs gewenst. Nu is het een plek waar ik voel wat er werkelijk gebeurd is. Waar mijn lichaam en hoofd eindelijk mogen stoppen met bijhouden.

Ik lig in de zetel en staar. Omdat er niets meer te organiseren valt. Omdat mijn hoofd niet meer beschikbaar is. Ik ben alleen met wat er overblijft.

Dat is niet altijd prettig. Het confronteert me met hoe beperkt mijn marge soms is. Met hoe dun de lijn is tussen meedoen en mij terugtrekken.

En toch is dit ook waar ik mezelf het meest ontmoet.

Als iemand die 'is'. Met alles wat er is. En alles wat er niet is.

Ik hoef niet meer degene te worden die altijd alles aankan.

Niet meer degene die overal 'ja' op zegt.

Niet meer degene die zichzelf bewijst door vol te houden.

Vroeger voelde dat als kracht. Als passie die langs alle kanten naar buiten kwam. Als iets om trots op te zijn. Nu voelt het als een last die ik niet langer wil dragen.

Ik hoef niet meer te worden wie ik was.

Sommige versies van mezelf hebben hun werk gedaan. Ze hebben me ver gebracht. Ze hebben me gedragen toen dat nodig was. Maar ze hoeven niet mee naar hier.

Ik hoef niet meer sneller te worden dan mijn dagen toelaten.

Niet productiever dan mijn energie verdraagt.

Niet hoopvoller dan wat ik oprecht kan voelen.

Ik hoef mezelf niet meer te forceren in verhalen die geruststellend klinken, maar niet kloppen.

Wat wegvalt, is het vele 'moeten'.

Een te ver doorgeschoten wilskracht.

Haast.

Dat voelt soms als opluchting. En soms als leegte.

Want als je weet wie je niet meer hoeft te worden, blijft de vraag open: wie ben je dan wel?

Die vraag hoeft nu geen antwoord. Niet meteen. Ik laat haar open, zonder haar op te vullen.

Er is ruimte gekomen voor iets anders. Iets wat nog geen naam heeft. Geen titel. Geen duidelijke vorm. Alleen een gevoel dat lijkt te kloppen.

Misschien is dat voldoende richting.

Ik leer dat identiteit niet alleen bestaat in wat zichtbaar is. Niet in prestaties. Niet in hoe anderen je ervaren. Maar in hoe je jezelf bewaart wanneer niemand iets van je vraagt.

Ik herken mij in beweging. In interactie. In bijdrage. Nu moet ik mezelf leren kennen in stilstand.

Soms voelt dat als verlies. Alsof ik ben teruggebracht tot iets kleins. Iets wat weinig ruimte inneemt.

En soms voelt het als een onverwachte vorm van eerlijkheid. Alsof alle lagen die niet strikt nodig zijn, even wegvallen. Wat overblijft is eenvoudiger. Echter.

Ik begin te begrijpen dat deze versie van mij niet minder waard is dan de andere. Dat ze niet alleen bestaat om op te laden voor het echte leven. Dit is ook leven. Minder zichtbaar. Minder deelbaar. Maar niet minder echt.

Wie ik ben als niemand kijkt, is geen tussenfase. Geen wachtkamer. Het is een plek waar ik leer blijven zonder publiek.

Ik hoef niet meer te worden wat ik dacht dat nodig was om waardevol te zijn. Ik hoef niet meer te groeien in de richting die ik ooit had uitgestippeld.

De eenvoud die overblijft, is minder zichtbaar. Minder indrukwekkend misschien. Maar dichter bij wat ik kan dragen.

Het voelt als thuiskomen in een nieuwe laag van mezelf.

En dan is er toch nog die oude plooi

Wie je bent, is een verzameling diepgewortelde systemen binnen in je, die heel natuurlijk en automatisch hun werk doen.

Je persoonlijkheid neemt een plooi aan. En die strijk je er niet zomaar uit.

Die plooi verleidt je. En de verleiding komt onverwacht.

Vaak als kleine gedachte. Ik kan dit toch nog wel. Nog even. Nog één keer laten zien dat het lukt. Dat ik het nog heb. Dat ik niet verdwenen ben.

Ze komt op rustige dagen. Op dagen waarop mijn hoofd meewerkt. Waarop woorden vlotter komen. Waarop ik mezelf even herken. Dan lijkt het logisch om door te zetten. Om iets toe te voegen. Om de ruimte die er is meteen te benutten.

Alsof ik die moet vastpakken voor ze weer verdwijnt.

Ik merk hoe snel ik dan teruggrijp naar oude reflexen. Naar tempo. Naar voluit gaan.

De verleiding komt voort uit verlangen. Uit liefde voor wat ik deed. Voor wie ik was. Voor de passie om te doen wat ik aanvoel als mijn missie. Voor het gevoel van vanzelfsprekendheid dat daarbij hoorde.

Maar ze vraagt iets wat ik nu niet altijd kan geven.

Elke keer dat ik toegeef, volgt er geen onmiddellijke grens. Dat maakt het moeilijk. Ik voel me niet meteen slecht. Soms zelfs tevreden. Alsof ik mezelf heb teruggevonden.

En dan komt het later. De mist. De traagheid. De leegte die zich niet laat haasten. Dan moet ik herstellen. Dan betaal ik de prijs van een moment waarin ik mezelf even niet heb beschermd.

Deze verleiding wijst naar iets wat belangrijk voor me was, en nog steeds is. Maar ze kent mijn huidige draagkracht niet.

Wat ze niet weet, is dat ik niets meer hoef te bewijzen om te bestaan. Dat waarde niet verdwijnt wanneer ik stilval. Dat zichtbaar zijn geen voorwaarde is om echt te zijn. Dat passie vele vormen kan aannemen.

Dat inzicht landt traag. Niet in één keer. Het vraagt herhaling. Het vraagt mildheid. En soms vraagt het dat ik opnieuw te ver ga om het weer te voelen.

Ik oefen nu iets anders. Ik observeer wanneer de drang opkomt. Ik leer haar herkennen. Ik bedank haar voor wat ze me ooit bracht. En beslis daarna om haar niet te volgen.

Dat lukt niet altijd.

Soms bewijst iets in mij zich toch. Dan kijk ik achteraf zonder oordeel. Ik probeer te zien wat me dreef. Wat ik hoopte te vinden. En ik neem mee wat ik leer.

Misschien is dit het werk nu. Niet sterker worden dan mijn grenzen. Niet verdwijnen achter voorzichtigheid. Maar blijven kiezen voor wat klopt, ook wanneer niemand het ziet.

Ik hoef mezelf niet opnieuw te bewijzen.

Ik hoef enkel dicht bij mezelf te blijven.

En dat vraagt elke dag opnieuw aandacht.

Anderhalve dag

Tien maanden na het ongeval kon ik ons bedrijf terug binnenstappen. Voor anderhalve dag per week. Het klinkt bescheiden, anderhalve dag.

Alsof het nauwelijks telt. Alsof het een voetnoot is bij het echte werk, dat later wel weer komt.

Voor mij is het een grens met een exacte vorm. Mijn hoofd gaat dicht als ik erover ga. Het wordt trager, stroever. Gedachten haken niet meer aan. Zinnen blijven halverwege hangen alsof ze hun bestemming vergeten zijn.

Op papier ben ik weer aan het werk. In de praktijk ben ik vooral aan het doseren.

Ik moest opnieuw leren hoe werken voelt. Niet het inhoudelijke – dat zat er nog – maar het erna. Wat er gebeurt als ik thuiskom. Hoe lang het duurt voor ik gerecupereerd ben. Soms weet ik 's avonds niet meer wat ik die dag precies heb gedaan, alleen dát het veel is geweest.

Het moeilijke is niet het werk zelf. Het is de verleiding om te denken dat ik meer kan dan vandaag lukt. Dat ik, met een beetje wilskracht, nog een uur kan toevoegen. Nog een taak. Nog een gesprek. Mijn oude reflex zegt dat grenzen iets zijn om op te schuiven.

Mijn hoofd zegt iets anders. Werken is iets waar ik moet van bekomen.

Anderhalve dag is wat ik nu kan. Punt.

En af en toe heeft die anderhalve dag een extraatje voor mij. Zomaar.

Mijn hoofd dat prima meewerkt, zonder haperingen.

Even de koffie terug proeven. Nog steeds niet volledig, maar net genoeg om te weten dat mijn zintuigen het zich herinneren. Genoeg om te merken dat er iets in mij terugkeert.

Sommige dingen beginnen zich terug te laten zien. Dat is iets om blij van te worden. Geen zekerheid, geen belofte. Wel een vleugje nieuw leven. Klein, maar echt.

In dat soort momenten zit hoop verscholen. En dan voel ik: 'er is iets wat nog kan komen, en ik ben er nog om het te ervaren.'

Onze cursisten zijn blij. Ze zeggen dat het fijn is om mij terug aan het werk te zien. Dat ik rustig mag opbouwen. Dat ik het nog kan. Dat ik zelfs beter ben dan vroeger.

En dat doet mijn motor extra draaien.

De goesting is er tot en met. Mijn passie om mensen te helpen, om training te geven, om programma's te maken, leeft. Ten volle.

Wat ik leer is: werken zonder mezelf erin te verliezen. Stoppen terwijl het nog gaat. Niet wachten tot mijn hoofd me dwingt. Dat vraagt een vorm van discipline die ik vroeger niet kende: op tijd ophouden.

Soms voelt dat als inhouden. Soms als zorg. Het verschil is subtiel, maar belangrijk.

Ik weet niet hoe het morgen zal zijn. Misschien verdwijnt het allemaal weer. Misschien blijft het. Misschien komt er iets anders bij.

Maar dit moment is genoeg om door te gaan.

Ik weet niet of en wanneer anderhalve dag er ooit twee worden. Of drie. Of weer voltijds. Ik weet wel dat passie niet automatisch in kwantiteit hoeft te worden uitgedrukt. Dat aanwezigheid ook klein mag zijn.

Hoop is niet iets groots dat alles oplost. Het is iets kleins dat blijft hangen. Een stille aanwezigheid die zegt: ik ben er nog. En ik doe nog mee.

En dat is genoeg.

Ik begin opnieuw.

Niet vanaf nul, maar vanaf hier.

Ik ben hier nog niet klaar

Soms zeggen mensen het voorzichtig, soms bijna vanzelfsprekend: 'misschien is het tijd om het rustiger aan te doen.'

Of: 'je hebt toch al zoveel gedaan.'

Of zelfs: 'misschien moet je denken aan pensioen.'

Ze bedoelen het goed. Ze willen me beschermen. Ze willen dat het lichter wordt.

Maar elke keer als ik dat hoor, weet ik één ding heel zeker:

ik ben hier nog niet klaar.

Niet op de manier waarop zij het bedoelen.

Het is niet dat ik terug wil naar hoe het was. Niet dat ik alles opnieuw wil opnemen. Niet dat ik mijn oude ritme mis of mezelf wil bewijzen.

Wat ik voel, zit dieper.

Er zit iets in mij dat nog wil spreken. Iets dat niet afgerond is. Geen project, geen plan, geen ambitie zoals vroeger. Eerder een drang die al lang aanwezig was, maar nu pas zichtbaar wordt.

Zoals een schat die jarenlang onder de grond zat, en pas ontdekt wordt wanneer er graafwerken plaatsvinden. Niet omdat iemand ernaar zocht, maar omdat de bodem toch werd opengelegd.

Zo voelt het.

Dit roept niet om directe actie. Het duwt niet vooruit. Het wacht. Het klopt zacht, maar volhardend. Alsof het zegt: 'ik ben er nog.'

Ik weet nog niet welke vorm het moet krijgen. Dat is misschien het moeilijkste. Ik voel de inhoud, maar niet de verpakking. Ik voel betekenis, maar geen structuur. Ik voel richting, maar geen route.

En toch weet ik: dit is geen restenergie. Geen koppigheid. Geen ontkenning van mijn grenzen.

Het is iets wezenlijks.

Mijn missie is niet opgebruikt. Ze is ook niet groter geworden. Ze is helderder geworden. Minder gericht op doen, meer op doorgeven. Minder op volume, meer op essentie.

Dat maakt het lastig om uit te leggen. Want de wereld begrijpt vormen. Functies. Uren. Titels. En ik beweeg nu in iets dat daar nog niet in past.

Maar dat betekent niet dat het er niet is.

Ik ben hier nog niet klaar.

Iets in mij wil nog tevoorschijn komen, op een manier die ik zelf nog moet leren kennen.

Ik weet nog niet wat en hoe.

En dat is oké.

Wat ik wél weet, is dit:

Iets wil nog geleefd worden.

NLP opnieuw bekeken

Ik ben trainer in Neuro Linguïstisch Programmeren (NLP). Werken met het brein van mensen. Met hoe ze ervaringen in hun hoofd hebben opgeslagen. Met waar ze naartoe willen, met waar ze nu staan in hun leven. Met wat er in de weg zit om hun doelen te bereiken.

Ik help mensen om hun gedachten, gevoelens en gedrag in lijn te krijgen met hun natuurlijke kracht en capaciteiten.

Dit is mijn grote passie. Al vele jaren.

Ik weet ook al jaren hoe fout je NLP kunt invullen. Hoe je het kunt reduceren tot een doos technieken, waarmee je mensen kunt 'fixen'.

Alsof een mens een mechanisch wezen is dat je in de gauwte even herstelt.

Deze insteek leidt tot arrogantie. Het is een veel te smal beeld van NLP. Een karikatuur. En sommigen kennen enkel deze invulling. Ze hebben de essentie van NLP nooit begrepen.

Ik heb NLP altijd gebruikt vanuit mijn gekende drive. Met vaart. Soms met ongeduld. Met snelheid en efficiëntie. Ik wou dat mensen vooruit geraakten. Dat ze niet onnodig lang in hun pijn moesten blijven zitten.

Dat laatste vind ik nog steeds.

En toch is er iets veranderd.

Na mijn val kwamen de paniekaanvallen. Voor mij iets totaal onbekend tot dan toe. Mijn hoofd sloeg compleet op hol. Mijn lijf schoot in de alarmfase zonder duidelijke reden. Mijn lichaam wist niet meer waar het veilig was.

Hier ben ik met behulp van NLP heel snel doorheen geholpen. Mijn brein kwam tot rust. Het trauma van de val trok zich terug. De emotionele lading ervan verdween. NLP heeft hier zeer krachtig gewerkt voor mij.

Ik gebruikte de voorbije maanden heel veel NLP op mijn pad van herstel: ankers, diepe ontspanning, ombuigen van gedachten die mij dreigden te torpederen.

En ik heb veel geleerd.

Ik stond nu aan de 'andere kant'. Niet aan de kant van de coach of de trainer. Ik moest dit keer zelf de weg afleggen. Met een brein dat een enorme deuk had gekregen. Met een bedrading in mijn hoofd die vaak verstek liet gaan.

En hier ontdekte ik een nieuwe dimensie in NLP.

Een manier om mijn binnenwereld terug te leren lezen. Om orde te brengen in de chaos. Om een neurologie die niet meer volop werkte en die leek op een jungle, toch houvast te geven.

NLP gaf mij geen antwoorden, maar kapstokken. Richting, zodat ik mij kon verbinden met wie ik in wezen ben. Voorzichtig, met respect voor mijn ritme.

NLP was voor mij reeds een manier van leven. Nu gaf het mij ook de houvast om meer mens te zijn. Zacht. Ordenend. Met geduld. Zonder dat verandering een must was. Zonder dat het meteen moest worden opgelost. Gewoon als informatie die vertelde waar ik mij bevond.

Vroeger was ik gericht op snelheid. Patronen doorbreken. Een doel bereiken.

Nu kijk ik veel meer naar: kan iemand die verandering al dragen? Kan ze ergens landen? Verandert het niet alleen in het hoofd, maar ook in het lijf van de ander?

Nu ik terug kleine stukjes training geef, merk ik dat mijn manier van lesgeven is veranderd. Ik geef NLP met een andere energie dan vroeger. Ik heb meer oog voor het proces, minder voor het resultaat op zich.

Ik vertel langzamer. Met meer stiltes. Ik wil dat het resoneert. Dat het past bij waar de mensen nu zijn.

Ik zie ook scherper waar mensen niet klaar voor zijn. Ik zie beter: dit is te snel. Te vroeg. Teveel. En dan wacht ik.

Het ritme van iemand willen veranderen, werkt de groei tegen.

Het voelt allemaal veel echter nu.

Ik zie NLP nu in een groter geheel. Als een waardevol instrument om mensen te helpen hun natuurlijke kracht, hun levens élan terug te vinden. Een manier om die diepere lagen in iemands persoonlijkheid naar buiten te brengen. Voorbij het stellen van een doel. Voorbij het doorbreken van patronen. Voorbij het loslaten van tools op iemand.

NLP is een krachtige bondgenoot. Eén die wezenlijke veranderingen kan begeleiden en bevorderen, wanneer je het ritme van de persoon volgt en kunt wachten als iets tijd nodig heeft. Een bondgenoot die de mens in zijn diepste dimensies laat schitteren.

NLP werkt ook op wat stil is. Op wat zich nog niet laat benoemen. Op wat nog niet klaar is om gezien te worden.

En misschien ben ik daar nu het meest in geïnteresseerd: hoe je mensen helpt om bij zichzelf te blijven terwijl ze veranderen. Hoe je ruimte houdt voor wat niet meteen duidelijk is. Hoe je begeleidt zonder te duwen. Hoe je de essentie van iemand naar boven haalt.

Ik geloof meer dan ooit in NLP als weg, als manier van leven. Maar anders dan vroeger.

Het is geen oplossing, het is een route. Een taal. Een vorm van aandacht. Een levenshouding.

Het helpt mensen om zichzelf opnieuw te verstaan en het werkt pas wanneer je het gebruikt zonder te willen dat mensen anders worden dan ze zijn.

Deel 5: Leven zonder deksel op de puzzeldoos

Niet alles wat groeit, beweegt vooruit.

Sommige dingen verdiepen.

Zonder deksel

Het voelt alsof er in mij voortdurend puzzelstukken naar boven komen.

Geen netjes gesorteerde stukken, geen hoeken eerst. Gewoon losse vormen. Fragmenten. Iets wat past bij iets anders, maar ik weet nog niet bij wat. Ze dienen zich aan zonder uitleg.

Sommige stukken herken ik meteen. Dit ben ik. Dit ken ik.

Andere verrassen me. Deze kant had ik niet gezien. Of: deze hoort blijkbaar ook bij mij.

Wat het lastig maakt, is dat ik het deksel van de puzzeldoos niet heb. Dat beeld waarop je normaal ziet wat het uiteindelijk moet worden. Geen landschap, geen gezicht, geen richting die zegt: zo ziet het er straks uit.

Ik leg dus geen puzzel met een doel. Ik leg een puzzel en al doende ontdek ik wat voor puzzel het eigenlijk is.

Soms wil ik dat deksel heel graag. Gewoon om te weten of ik goed bezig ben. Of de stukken die ik nu vastneem, niet voor niets zijn. Of ik iets aan het missen ben dat later cruciaal blijkt.

Maar het deksel is er niet.

Wat er wél is, zijn momenten waarop twee stukken in elkaar klikken. Niet luid, niet spectaculair. Gewoon een zacht gevoel van juistheid. Dit hoort samen. Dit mag blijven liggen.

En dan zijn er stukken die ik even vastpak en weer terug leg. Niet omdat ze fout zijn, maar omdat ze nog geen plek hebben. Misschien later. Misschien in een andere puzzel dan ik nu vermoed.

Ik leer hier veel. Dat betekenis onderweg ontstaat. Dat samenhang iets is wat groeit, niet iets wat vooraf vastligt.

Het vraagt vertrouwen om te puzzelen zonder voorbeeld. Om te geloven dat de stukken niet willekeurig zijn, ook al kan ik het geheel nog niet zien. Dat wat zich aandient, zich aandient met een reden, ook al ken ik die nog niet.

Misschien is dit wat het nu is: leven zonder het totaalplaatje, maar met aandacht voor wat zich aandient. Zien welk stuk vandaag klopt. Welk stuk vandaag nog niet.

Ik heb het deksel niet.

Maar ik heb mijn handen.

En ik heb de tijd om te voelen wat past.

Waar mijn dromen even verdwenen

Ongeveer drie maanden na het ongeval stelde ik mezelf een vraag die me vroeger altijd richting gaf: 'welke dromen heb ik nog?'

Er kwam niets.

Geen beeld. Geen verlangen. Geen plan.

Alsof mijn dromen ergens waren stilgevallen, zonder afscheid. Het was niet pijnlijk, eerder leeg. Alsof het mechanisme dat altijd vooruit wilde, even was uitgezet.

Ik dacht eerst dat er iets mis was.

Dat ik de wil tot leven kwijt was. Dat ik misschien apathisch werd. Of me had neergelegd bij minder.

Pas later begreep ik dat dit geen verlies van dromen was, maar een verschuiving van verlangen.

Wat ik toen wilde, was geen groei. Geen verandering. Geen volgende stap.

Wat ik verlangde, was verstilling.

Tijd.

Ruimte.

De mogelijkheid om te zeggen: 'deze morgen maak ik een wandeling.'

Of: 'vandaag ben ik gewoon alleen thuis.'

Het verlangen om niet voortdurend ergens naartoe te moeten.

Niet iets te moeten afwerken.

Niet productief te zijn.

Niet nodig te zijn.

Ik merkte hoe diep die druk altijd in mij had gezeten. De druk om een bedrijf draaiende te houden. Om verantwoordelijkheid te dragen, te beslissen, te blijven bewegen. Zelfs toen ik dat graag deed, was het een constante achtergrondruis.

En nu wilde ik dat niet meer.

Niet uit onwil.

Uit nood.

Het was een verlangen naar een leven zonder voortdurende spanning. Zonder het gevoel dat ik altijd achter iets aanliep. Een verlangen om te mogen *zijn*, zonder dat dat meteen iets hoefde op te leveren.

Dat inzicht raakte me diep. Niet alleen persoonlijk, maar ook in wat ik voelde dat ik ooit nog zou willen doorgeven.

Want hoe leef je zo in deze maatschappij?

Hoe pas je in een systeem dat gebouwd is op snelheid, output en vooruitgang, wanneer jouw verlangen net gaat over vertragen, verinnerlijken, aanwezig zijn?

Hoe integreer je terug in een dagelijks leven dat weinig ruimte laat voor traagheid, voor dagen zonder doel, voor waarde die niet meetbaar is?

Ik had daar toen geen antwoorden op.

Ik heb ze nu nog niet volledig.

Maar ik voelde wel: dit is geen individuele kwestie. Dit raakt iets collectiefs. Iets wat veel mensen diep vanbinnen kennen, maar zelden durven benoemen.

Misschien is dit wel de vraag die onder al mijn werk ligt, ook nu:

'Hoe kan een mens leven in deze wereld zonder zichzelf te verliezen?'

Ik weet het nog niet.
Maar ik weet wel dat mijn dromen niet verdwenen zijn.
Ze zijn stiller geworden.
Dieper.

En ze vragen geen applaus meer.

Ze vragen ruimte.

Hoop temidden van verdriet

Het verdriet is er vandaag.

Het zit in de donkere hoeken van mijn hoofd, in de zwaarte van mijn schouders, in hoe langzaam woorden verschijnen. Ik had gedacht dat ik het kon vermijden, of dat het vanzelf minder zou worden. Dat is niet zo. Het is er, en ik merk dat ik het moet laten zijn.

En toch ben ik aan het werk. Anderhalve dag. Mijn hoofd volgt, maar met moeite.

Ik merk het in kleine dingen: een gesprek dat lukt, ook al kost het meer dan vroeger. Een taak die afkomt, ook al ben ik daarna leeg. Een idee dat helder blijft tot op het einde van de middag, ook al voelt het alsof ik het met beide handen moet vasthouden.

Het is niet groot. Maar het is echt.

En ergens, tussen het verdriet en die kleine momenten, begint iets anders te groeien.

Hoop.

Niet de hoop die zegt: dit gaat voorbij.

Niet de hoop die belooft: straks wordt alles beter.

Maar een andere soort hoop. Een die zegt: dit moment bestaat. En ik ben hier.

Ik merk het in hoe ik met mensen praat. In een glimlach die ik teruggeef, ook al voel ik me zwaar. In een creatief antwoord dat uit mijn mond komt, ook al had ik niet verwacht dat het er nog was.

Het zijn geen grootse signalen. Geen doorbraken. Geen momenten waarop alles ineens klopt.

Het zijn splinters licht. Kleine openingen. Ademhalingen die zeggen: er is nog iets. Iets wat niet kapot is. Iets wat de moeite waard is.

Het rare is dat het verdriet die hoop niet wegneemt.

Het maakt haar juist zichtbaar.

Ze werken als metgezellen.

Verdriet maakt me langzamer. Hoop maakt dat ik doorga.

Verdriet laat me voelen hoe zwaar het is. Hoop laat me voelen dat ik het kan dragen.

Verdriet zegt: dit is moeilijk. Hoop zegt: en toch ben je hier.

Ik had altijd gedacht dat hoop iets was dat kwam na verdriet. Als beloning. Als oplossing. Als het moment waarop het weer licht werd.

Maar dat is niet wat ik nu ervaar.

Hoop komt niet na verdriet.

Ze komt erin. Ermee. Erdoor.

Ze ontstaat niet ondanks het verdriet, maar er middenin.

In de ruimte tussen "ik kan dit niet" en "ik doe het toch".

In de seconde tussen 'ik wil stoppen' en 'ik blijf hier'.

In het moment waarop ik merk: ik leef nog. En dat is meer dan overleven.

Elke stap die ik neem, elke minuut dat ik aanwezig blijf, voelt zwaarder en tegelijkertijd waardevoller.

Het is niet de overwinning die je ziet in een kalender of in cijfers. Het is geen vooruitgang die meetbaar is.

Het is een stille bevestiging: ik kan dit dragen.

En dat is kracht. Een andere soort kracht dan ik kende. Geen kracht die vooruit duwt, maar kracht die blijft. Kracht die niet vlucht. Kracht die toestaat dat verdriet en hoop tegelijk bestaan.

Verdriet, kracht, hoop.

Ze zijn niet tegenstrijdig. Ze bewegen samen, als een ritme dat ik nog moet leren volgen. Soms stotterend, soms vloeiend, maar altijd echt.

En misschien is dat wel de echte hoop die we als mens kunnen claimen:

dat zelfs te midden van verdriet we kunnen blijven voelen, blijven doen, blijven zijn.

Dat we niet hoeven te wachten tot het verdriet weg is om te leven.

Dat hoop niet betekent: geen verdriet meer.

Maar: verdriet én leven. Tegelijk. In hetzelfde moment.

Vandaag is er verdriet.

En vandaag ben ik aan het werk.

En vandaag is er hoop.

En dat mag allemaal waar zijn.

Tegelijk.

Dankbaarheid die blijft

Ik ben dankbaar.

Ik zeg het soms voorzichtig, alsof ik moet opletten dat niemand denkt dat ik daarmee alles goedpraat. Dat dankbaarheid hier geen vervanging is voor pijn. Dat ze niets ontkent van wat moeilijk is.

Maar ze is er wel.

Niet als opgelegd gevoel. Niet als positieve houding die ik mezelf aanleer. Ze komt vanzelf, op momenten waarop ik het niet verwacht. Ze is stil. Ze vraagt niets.

Ik ben dankbaar voor kleine dingen.

Voor een ochtend die rustig begint.

Voor licht dat door het raam valt.

Voor koffie die ik soms weer proef, al is het anders dan vroeger.
Voor een gesprek dat niet te veel vraagt.

Voor een lichaam dat steeds beter meewerkt.

Ik ben ook dankbaar voor mensen. Voor wie blijft zonder te trekken. Voor wie niet vraagt wanneer het weer normaal wordt. Voor wie me ziet zonder me te willen herstellen.

Die dankbaarheid geeft energie. Niet de opwindende energie van plannen en doen, maar een rustige. Een dragende. Ze maakt dat ik niet voortdurend in verzet ben tegen wat er is.

Sommigen vinden dat melig. Of gevaarlijk. Alsof dankbaarheid betekent dat je je neerlegt bij alles. Alsof ze je tanden afvijlt. Dat herken ik niet.

Voor mij is dankbaarheid geen aanvaarding van wat niet klopt. Ze is een erkenning van wat er wel is, midden in alles wat tegenwringt.

Ze kan naast verdriet bestaan. Naast gemis. Naast woede zelfs. Ze vraagt niet dat die verdwijnen. Ze vraagt alleen aandacht.

Er zijn dagen waarop ik niets voel behalve zwaarte. Ook dat mag. Dankbaarheid is geen verplichting. Ze is geen opdracht. Ze verschijnt wanneer ze verschijnt. En je kan ze een zetje geven, heb ik ervaren. In die zin is ze ook een keuze.

En wanneer ze er is, merk ik hoe ze me recht houdt. Door me te verankeren in het moment. Hier. Nu. Dit.

Ik heb geleerd dat dankbaarheid niet gaat over tevreden zijn met alles. Ze gaat over zien wie en wat jou draagt, zelfs wanneer het leven zwaar voelt. Over erkennen dat niet alles verdwenen is, ook al is er veel veranderd.

Dankbaarheid maakt mijn leven niet lichter in gewicht.

Ze maakt het dieper.

De richting die ik elke dag opnieuw kies

Elke dag begin ik met dezelfde vraag.

'Hoe wil ik mij vandaag voelen?'

Niet wat wil ik doen.

Niet wat moet er gebeuren.

Maar hoe wil ik me voelen in dit lichaam, met dit hoofd, in dit leven zoals het nu is.

Het is geen naïeve vraag. Ze vraagt aandacht. Ze vraagt eerlijkheid. Want veelal is het antwoord eenvoudig: rustig. Of helder. Of mild.

Van daaruit volgen andere vragen.

Welke keuzes helpen me daarbij?

Wat vraagt vandaag minder? Of net meer?

Waar mag ik vertragen?

Waar kan ik ruimte laten?

Het is geen planning. Het is een afstemming.

Ik zet mezelf elke dag bewust in een richting, zonder te bepalen wat moet komen. Niet omdat ik controle heb over wat er gebeurt, maar omdat ik invloed heb op hoe ik me verhoud tot wat komt. Dat verschil is cruciaal.

Soms betekent dat 'nee' zeggen nog voor iemand iets vraagt.
Soms betekent het een wandeling maken zonder doel.

Soms betekent het toch iets ondernemen, ook al voelt het spannend.

En soms betekent het niets doen, zonder mezelf daarvoor te veroordelen.

Ik vraag me ook af of ik opensta voor het onverwachte dat die dag op mij kan afkomen. Kan ik vandaag toelaten dat iets anders loopt dan gedacht, zonder meteen in verzet te gaan? Heb ik oog en oor voor de onverwachte geschenken die deze dag misschien met zich meebrengt?

Dat vraagt oefening. Want mijn hoofd wil graag vooruit. Wil verklaren. Wil anticiperen. Maar mijn leven nu vraagt iets anders. Het vraagt aanwezigheid. Keuze. Richting zonder dwang.

Dit is geen zachte manier van leven. Het is intens. Het vraagt dagelijkse betrokkenheid. Ik kan me er niet achter verschuilen. Ik kan het niet automatiseren. Elke dag opnieuw moet ik voelen, kiezen, bijsturen.

Maar het helpt.

Het haalt mijn energie omhoog. Niet door te forceren, maar door me uit het vastlopen te houden. Het voorkomt dat ik blijf hangen in piekeren, in vergelijken, in focussen op alles wat ik niet meer kan.

Ik neem mijn leven opnieuw in handen, door het voorzichtig te richten.

Het voelt stilaan als een soort verantwoordelijkheid: de verantwoordelijkheid om aanwezig te zijn in mijn eigen leven. Om niet te verdwijnen in negativiteit. Om niet te verstarren in angst.

Ik kan niet kiezen hoe mijn hoofd vandaag functioneert.
Ik kan niet kiezen hoeveel energie er is.

Maar ik kan wel kiezen hoe ik me tot mezelf verhoud.

En dat maakt het verschil tussen overleven en leven.

Elke dag opnieuw.

Deel 6: Wanneer systemen geen taal hebben voor het 'tussenin'

Dit is waar het 'tussenin' botst met de wereld.

Niet omdat iemand faalt,

maar omdat het kader te smal is.

Dossier

Ik heb een dossier.

Dat wist ik natuurlijk al, maar het blijft vreemd om het zo te noemen. Alsof ik zelf een bijlage ben geworden. Iets wat wordt geopend, aangevuld, doorgestuurd. Ik besta in formulieren, in vakjes, in percentages.

Het systeem is niet onvriendelijk. Dat maakt het lastiger om er tegenin te gaan. Mensen doen wat ze moeten doen. Ze volgen regels, stellen vragen, vinken aan. Met de beste intenties en vaak met een heel warm hart.

Het systeem houdt van trajecten. Van kaders. Van labels. Van meetbaarheid. Het weet wat te doen met ziek en met beter, maar minder met 'onderweg'. Met iets wat schommelt. Met een hoofd dat soms meewerkt en soms niet.

Ik heb gemerkt dat het systeem een verwachting heeft. Niet uitgesproken, maar voelbaar. De verwachting dat dit blijft. Dat ik me schik in een verminderde versie van werken. Dat voltijds iets is wat achter me ligt. Het is geen harde uitspraak, eerder een aanname die tussen de regels meeloopt.

Alles is erop ingericht.

De formulieren, de gesprekken, de voorzichtig geformuleerde adviezen. Ze bouwen een kader waarin vertraging normaal is en ambitie iets wat je best temperen kunt. Het systeem is goed in vasthouden. Minder in loslaten.

Daarom wordt het vreemd stil wanneer ik zeg dat ik hier zo snel mogelijk uit wil. Dat ik een vorm wil vinden om opnieuw voltijds te kunnen werken. Niet morgen, niet roekeloos, maar wel stapsgewijs. Ik zie hoe er dan gezocht wordt naar woorden die afremmen zonder tegen te spreken. Hoe voorzichtigheid plots belangrijker wordt dan vooruitgang.

Je zou het omgekeerde verwachten. Dat herstel enthousiasme oproept. Dat motivatie geruststelt. Maar hier lijkt ze iets te verstoren. Alsof mijn wens niet past binnen het scenario dat al voorzichtig is uitgetekend.

Ik hoor zinnen als: je bent heel goed bezig, maar we moeten realistisch blijven. Je moet jezelf beschermen. Het is belangrijk dat je geen verwachtingen creëert.

Ze klinken zorgzaam, en dat zijn ze ook. Maar ze dragen een andere boodschap mee: dat 'willen' hier iets is wat gecorrigeerd moet worden.

Het systeem houdt niet van 'misschien wel'. Het heeft categorieën nodig. Of je bent tijdelijk uit, of je bent duurzaam beperkt. Tussen die twee zit weinig ruimte. En precies daar bevind ik me.

Ik voel hoe mijn verlangen om vooruit te gaan vaak gelezen wordt als overschatting of ontkenning. Alsof dat verlangen per definitie blind is. Alsof hopen hetzelfde is als forceren. Ik wil uitleggen dat dit niet zo is, dat ik mijn grenzen beter ken dan ooit. Maar nuance heeft weinig plaats waar beslissingen moeten worden genomen.

Wat me het meest raakt, is dat ik moet bewijzen dat ik niet onredelijk ben. Dat mijn wens om weer volledig deel te nemen geen vorm van roekeloosheid is. Dat ik niet tegen mijn herstel in werk, maar er net op vertrouw.

Er zit een ironie in: zolang ik beperkingen benoem, is er begrip. Zodra ik perspectief benoem, wordt men voorzichtig. Alsof beter worden een risico is dat beheerd moet worden.

Ik merk ook iets anders. Dat het systeem geen taal heeft voor vooruitgang die niet lineair is. Voor herstel dat schommelt. Voor iemand die ene week meer kan dan de andere, zonder dat dat iets zegt over de algemene richting.

Ik moet mezelf blijven uitleggen. Niet één keer, maar telkens opnieuw. Bij elke evaluatie. Bij elk gesprek. Alsof mijn ervaring niet blijft hangen, maar steeds opnieuw moet worden bewezen.

Dat vermoeit.

Niet alleen fysiek, maar ook innerlijk. Het vraagt dat ik mezelf blijf zien terwijl anderen me anders zien. Dat ik mijn eigen tempo blijf volgen terwijl er een ander tempo wordt gesuggereerd.

Ik begrijp het rationeel. Systemen zijn gebouwd op bescherming, niet op uitzonderingen. En ik ben blijkbaar een uitzondering. Maar ik wil niet blijven bij wat hier van mij verwacht wordt.

Ik wil niet ontsnappen aan zorg. Ik wil erdoorheen. Naar een plek waar mijn leven niet langer voorlopig is vastgelegd in percentages en voorwaarden.

Misschien is dit mijn echte worsteling: niet met mijn hoofd, maar met een kader dat vooruitgang alleen herkent als ze voorspelbaar is. Terwijl mijn herstel dat niet is.

Ik blijf zeggen dat ik hier uit wil.

Niet omdat ik ontken wat er is.

Maar omdat ik geloof dat dit niet het einde is.

En dat geloof blijkt, onverwacht, het moeilijkste om erkend te krijgen.

Ondertussen ben ik opnieuw aan het werk. Anderhalve dag per week. Een realistisch stap.

Het gaat niet altijd gemakkelijk. Er zijn dagen waarop ik me afvraag of ik het niet te snel doe. Dagen waarop mijn hoofd protesteert. Dagen waarop de moeheid zwaarder is dan ik had verwacht.

Maar er zijn ook dagen waarop het klopt. Waarop ik merk: dit kan.

En die dagen zijn waardevol genoeg om door te gaan.

Het systeem volgt me nog steeds. Evalueert. Vraagt naar cijfers, naar percentages, naar voorspelbaarheid. En ik geef antwoorden. Maar ik blijf ook luisteren naar wat mijn lijf zegt. Naar wat ik voel.

Want het systeem kent mij niet. Het kent mijn dossier. En die twee zijn niet hetzelfde.

Misschien kom ik ooit uit dit kader. Misschien niet.

Misschien wordt het iets anders. Een aangepaste vorm. Een nieuwe constructie. Iets wat noch volledig binnen, noch volledig buiten het systeem valt.

Ik weet het niet.

Wat ik wel weet, is dit: ik ben meer dan mijn dossier. Meer dan de percentages die mijn draagkracht zouden moeten meten. Meer dan de verwachtingen die op papier staan.

En dat besef, hoe klein ook, helpt me om vol te houden.

Niet tegen het systeem.

Maar naast het systeem.

Met respect voor wat het probeert te beschermen, maar ook met ruimte voor wat het niet kan zien.

Mensen die helen

Ik heb het gehad over systemen. Over hoe moeilijk het is wanneer je niet in vakjes past. Over hoe het kader soms te smal is.

Maar ik wil ook dit zeggen: er waren mensen. Goede mensen. Mensen die hun werk deden met zorg, met aandacht, met menselijkheid.

Zij zijn niet het systeem. Zij werken erin. En dat maakt een verschil.

De neurochirurg heeft mijn leven gered.

Dat klinkt groot. Dat is het ook.

Ik herinner me hem niet uit de acute fase. Ik was er niet, niet echt. Maar hij was er wel. Hij zag wat er moest gebeuren. Hij deed wat gedaan moest worden. Zonder hem was ik er niet meer geweest.

Later, bij controles, zag ik hem weer. Hij sprak rustig. Hij legde uit wat er gebeurd was. Wat hij had gedaan. Wat er nu te verwachten viel. De feiten.

Geen valse hoop. Geen dramatiek. Gewoon: dit is de situatie. Dit gaan we volgen. Dit zie ik.

Dat gaf houvast.

Mijn huisarts stapte mee. In alle etappes.

Van het begin, toen ik thuiskwam en alles overweldigend was, tot nu, meer dan een jaar later.

Hij is er één uit de duizend. Hij zocht mee. Hij luisterde. Hij gaf realistische hoop, niet de soort die alles mooi praat, maar de soort die zegt: dit kan beter worden, en we gaan kijken hoe.

Hij supporterde. Ook op momenten waarop ik twijfelde. Waarop ik dacht: misschien moet ik me neerleggen bij minder. Dan zei hij: of misschien niet. Laten we kijken wat mogelijk is.

Hij gaf ook eerlijke feedback. Wanneer ik te hard wilde gaan, zei hij dat. Wanneer ik mezelf onderschatte, zei hij dat ook.

Hij bood perspectief. En dat was precies wat ik nodig had.

De adviserend geneesheer van de mutualiteit verraste me.

Ik kwam bij haar met spanning. Weer iemand die zou oordelen. Weer een evaluatie.

Maar ze luisterde. Ze luisterde echt.

Ze stelde vragen die niet alleen gingen over wat ik niet kon, maar ook over wat ik wel wilde. Over mijn motivatie. Over mijn werk. Over waarom het voor mij belangrijk was om door te gaan.

Ze was verrast. Over hoeveel ik wilde. Over mijn wens om uit het systeem te geraken, niet omdat ik de steun niet waardeerde, maar omdat ik wilde leven zonder dat mijn bestaan was vastgelegd in voorwaarden.

Ze begreep het. En dat maakte het lichter.

De neurologe sloot epilepsie uit.

Dat klinkt misschien klein. Het was niet klein.

Er was angst. Angst dat er nog iets anders bij zou komen. Iets wat alles nog ingewikkelder zou maken. Die angst zat in mij, en ook in mijn omgeving.

Zij nam de tijd. Deed onderzoek. Stelde vragen. Luisterde naar wat ik ervoer. En zei uiteindelijk, met zekerheid: dit is het niet.

Dat was een opluchting die moeilijk te beschrijven is.

Weer een ding minder om mee te dragen.

De verpleegkundigen zorgden voor mij.

In het ziekenhuis, toen ik niets meer kon. Toen ik hulp nodig had voor alles. Wassen, eten, bewegen.

Ze waren onderbemand. Dat vertelden ze ook. Ik zag hoe hard ze werkten. Hoe weinig tijd ze hadden. Hoe veel ze moesten doen in te weinig uren.

En toch waren ze er. Voor mij. Voor anderen. Met vriendelijkheid. Met geduld. Met aandacht die niet vanzelfsprekend was. Met aanwezigheid.

Ik heb gezien hoe ze bleven glimlachen, ook wanneer het druk was. Hoe ze een hand op mijn schouder legden, ook al hadden ze haast. Hoe ze zagen dat ik bang was, en even bleven staan.

Dat vergeet ik niet.

De kinesist werkte met humor.

Dat hielp. Meer dan ik had verwacht.

Het herstelproces was serieus. Zwaar. Confronterend. Maar hij maakte het lichter door te lachen. Door te relativeren. Door mij te plagen en uit te dagen.

Hij was professioneel. Hij wist wat hij deed. Hij zag wat er nodig was en bouwde het stap voor stap op. Maar hij deed het op een manier die het draaglijk maakte.

Humor is een vorm van zorg. En dat begreep hij.

Deze mensen zijn stuk voor stuk goud waard.

Ik heb geluk gehad. Dat besef ik. Niet iedereen heeft zulke mensen om zich heen. Niet iedereen wordt zo gezien, zo gehoord, zo begeleid.

Was het perfect? Nee.

Iedereen maakt deel uit van een systeem dat niet perfect draait. Ze hebben te weinig tijd. Te veel regels. Te weinig ruimte om af te wijken van protocollen, ook al zien ze dat het nodig is.

Maar ze zagen mij. Niet alleen mijn dossier. Niet alleen mijn klachten. Maar mij.

Ik denk dat dit het verschil maakt.

Niet het systeem zelf. Maar de mensen erin.

De mensen die hun werk doen met oog voor wat er echt speelt. Die niet alleen afvinken, maar ook aanvoelen. Die niet alleen behandelen, maar ook begeleiden.

Zij zijn de reden dat ik erop kon vertrouwen dat het goed zou komen. Niet omdat ze me dat beloofden, maar omdat ze er waren. Consequent. Betrokken. Menselijk.

En misschien is dat wel wat ik hoop voor iedereen die door iets gaat wat zwaar is:

dat je mensen tegenkomt die niet alleen hun vak verstaan, maar ook jou.

Die zien dat je meer bent dan een diagnose.

Die luisteren naar wat je zegt, ook wanneer het niet in het protocol staat.

Die blijven, ook wanneer het langer duurt dan verwacht.

Ik ben dankbaar.

Voor de neurochirurg die mijn leven redde.

Voor de huisarts die blijft meestappen.

Voor de adviserend geneesheer die luisterde.

Voor de neurologe die angst wegnam.

Voor de verpleegkundigen die zorgden.

Voor de kinesist die lachte.

En voor iedereen die, op welke manier dan ook, heeft bijgedragen aan het feit dat ik hier nog ben.

Niet perfect hersteld. Maar wel hier. Wel levend. Wel groeiend.

En dat is niet alleen mijn verdienste.

Dat is ook de hunne.

Een mens is geen eiland

Wat mij misschien het meest heeft verrast, is hoe hard de wereld blijft doen alsof alles in mij zit.

Alsof herstel enkel een innerlijk project is.

Alsof je lichaam en je hoofd een soort privé-systeem zijn dat je, met voldoende therapie, coaching en wilskracht, weer 'op orde' krijgt. Alsof je alleen maar de juiste knoppen moet vinden. De juiste woorden. De juiste inzichten. De juiste strategie.

Maar een mens groeit niet in afzondering. Een mens groeit in samenhang.

In blikken.

In tempo's die op elkaar afgesteld raken.

In de mate waarin iemand ruimte krijgt om te schommelen zonder daarop afgestraft te worden.

In de manier waarop een omgeving veiligheid of spanning in het lichaam zet, nog vóór er één woord is uitgesproken.

Ik merkte dat het niet alleen mijn brein was dat anders werkte. Het was mijn plaats in de wereld die anders werd. Mijn ritme klopte niet meer met het ritme van anderen. Mijn grenzen botsten met verwachtingen die niemand kwaad bedoelt, maar die wel overal aanwezig zijn: snelheid, efficiëntie, beschikbaarheid, 'even meedraaien', 'gewoon terug oppakken'.

Ook goede zorg gaat dan vaak toch weer terug naar het individu.

Wat kan jij anders doen?

Hoe kan jij beter doseren?

Hoe kan jij je grenzen bewaken?

Hoe kan jij je mindset versterken?

Hoe kan jij anders denken over je situatie?

Alsof het vooral jouw taak is om je passend te maken in een kader dat niet past.

Ik zeg dit niet om hulpverlening af te breken. Integendeel. Ik ben dankbaar voor mensen die mijn menselijkheid zagen, en niet enkel mijn klachten. Maar ik zie ook iets groters: we hebben een cultuur gebouwd waarin we problemen individualiseren.

Als iemand vastloopt, gaan we naar binnen.

We zoeken het trauma, het patroon, de overtuiging, de kwetsuur.

We willen het fixen. Of we willen er eindeloos over praten. En vaak noemen we dat 'diepte'.

Maar diepte is niet hetzelfde als binnenkant.

Soms is wat iemand nodig heeft geen nieuwe analyse, geen nog fijnere vraag, geen extra sessie waarin het verhaal opnieuw verteld wordt. Soms is wat iemand nodig heeft een andere bedding.

Een omgeving die mee verandert.

Een werkcontext die begrijpt dat 'dezelfde job' niet hetzelfde is als 'dezelfde output'.

Relaties die niet blijven vergelijken met vroeger.

Een maatschappij die meer talen heeft dan 'ziek' en 'beter'.

We onderschatten hoe vormend context is.

Wie je bent, wordt niet alleen bepaald door je geschiedenis, maar ook door de ruimte die je vandaag krijgt. Door de mate waarin je je traagheid mag dragen zonder schaamte. Door de manier waarop mensen reageren op je grenzen. Door wat er gebeurt wanneer je nee zegt. Door hoe vaak je je moet verantwoorden om geloofd te worden.

En ja, er bestaat persoonlijke groei. Er bestaan innerlijke verschuivingen. Er bestaat heling. Maar zelfs dat is relationeel. Je zenuwstelsel kalmeert niet alleen in je hoofd, maar ook in de ogen van iemand die je niet dwingt. Je durft pas te voelen wanneer er veiligheid is. Je durft pas opnieuw te proberen wanneer falen niet meteen gevolgen heeft.

Ik geloof dat hulpverlening daar veel verder in kan gaan.

Niet door nog meer technieken boven te halen, maar door het kader te vergroten. Door het individu niet te benaderen als een losstaand project, maar als een 'mens in de wereld'.

Dat betekent: andere vragen stellen.

Niet alleen: 'Wat gebeurt er in jou?'

Maar ook: 'Wat gebeurt er rond jou dat dit onderhoudt of verergert?'

'Welke verwachtingen liggen er op je, zonder dat iemand ze uitspreekt?'

'Welke systemen vragen iets van jou dat je nu niet kunt geven?'

'Wie of wat in je omgeving maakt je beter, en wie of wat maakt het zwaarder?'

'Waar zou je leven lichter worden als de context één stap meebeweegt?'

Dat is geen randzaak. Dat is het hart.

Want als je iemand helpt om zichzelf beter te begrijpen, maar je laat die persoon daarna terugkeren naar een omgeving die alles opnieuw activeert, dan creëer je een nieuw probleem: iemand die zichzelf doorziet, maar geen ruimte heeft om anders te leven. Dan wordt coaching een vorm van verfijnde zelfobservatie zonder effect. Dan wordt therapie een plek waar je leert voelen wat je elders niet mag voelen.

En dan zeggen we: het proces vraagt tijd.

Soms is dat waar.

Soms is het ook een uitvlucht.

Ik denk dat we als maatschappij niet alleen mensen moeten begeleiden, maar ook omstandigheden. Niet alleen individuen ondersteunen, maar ook systemen menselijker maken.

Het is een belangrijke weg: de mens terug plaatsen in de samenhang waarin hij werkelijk leeft.

Als iemand die groeit in relatie tot alles wat hem omringt.

Laat ons stoppen met doen alsof een mens alleen is.

Deel 7: Onderweg

Wat blijft

Er is veel veranderd.

En toch is niet alles anders.

Wat gebleven is, laat zich niet meteen aanwijzen. Het zit niet in wat ik doe, maar in hoe ik er ben. In wat standhoudt wanneer tempo wegvalt en plannen oplossen.

Wat blijft, is aandacht.

Niet de scherpe, alerte aandacht van vroeger, maar een bredere. Zachter. Minder gefocust op resultaat, meer op aanwezigheid. Ik merk dingen op waar ik vroeger aan voorbijliep. Omdat ik trager kijk.

Wat blijft, is verlangen.

Als iets wat mij zachtjes trekt, zonder te eisen dat ik meteen beweeg. Het leeft rustig naast wat vandaag mogelijk is.

Wat blijft, is verbondenheid.

Met mensen die kunnen blijven zonder oplossing.

Met stilte die niet leeg is.

Met een leven dat niet hoeft te overtuigen.

Wat ook blijft, is rouw.

Rouw is niet iets wat ik doormaak. Het is iets wat me vergezelt.

Ik herken mezelf niet in de klassieke beelden. Niet in de fases. Niet in het idee dat rouw iets is wat je verwerkt en dan achter je laat. Wat ik ervaar, is veel subtieler en tegelijk hardnekkiger.

Rouw zit verweven in mijn dagen.

Ze zit in hoe ik trager opsta. In hoe ik soms stilval bij iets kleins. In hoe mijn lichaam eerder reageert dan mijn hoofd.

Ze komt niet altijd met verdriet. Soms komt ze met gemis. Soms met weemoed. Soms met een onverwachte zachtheid. En soms helemaal niet, dagenlang. Tot ze er ineens weer is, zonder aankondiging.

Ik rouw niet om één ding.

Niet om een moment, niet om een verlies dat duidelijk te benoemen valt.

Ik rouw om verschuivingen. Om wat niet meer vanzelf spreekt. Om de versie van mezelf die moeiteloos door het leven ging, en die ik nog graag beter had leren kennen.

Die rouw vraagt geen aandacht op vaste momenten. Ze wil niet uitgesproken worden om te verdwijnen. Ze wil erkend worden terwijl ik leef. Terwijl ik verder ga. Terwijl ik nieuwe vormen vind.

Ik heb geleerd dat rouw en dankbaarheid naast elkaar kunnen bestaan. Dat verdriet niet betekent dat er geen vreugde is. Dat gemis niet uitsluit dat er ook iets nieuws groeit.

Rouw is geen onderbreking van mijn leven.

Ze is een draad die door mijn leven loopt. Soms zichtbaar, soms niet.

En hoe minder ik haar probeer te fixen, hoe rustiger ze wordt.

Niet weg. Maar draaglijk.

Zoals iets wat erbij hoort, zonder alles over te nemen.

Wat ook blijft, is onzekerheid.

Ik weet niet hoe het verder gaat. Ik weet niet hoeveel ruimte er nog komt. Ik weet niet welke vorm mijn werk, mijn dagen, mijn bijdrage zullen aannemen. Die vragen zijn er. Ze zijn niet opgelost.

En toch voelt dat niet meer als een tekort.

Ik heb geleerd dat niet alles duidelijk hoeft te zijn om echt te zijn. Dat een leven niet af moet zijn om betekenis te dragen. Dat aanwezigheid geen eindpunt kent.

Soms mis ik wie ik was.

Soms ben ik dankbaar dat ik niet meer hoef te zijn wie ik was.

Ik ben niet kapot.
Ik ben anders.

En dat anders is geen tussenfase. Geen verhaal met een moraal. Het is een manier van leven die zich dag na dag toont, soms helder, soms in mist.

Wat blijft, is dit:

Ik ben hier.

Ik leef.

Ik kijk.

Ik ga verder, zonder te weten hoe ver.

Het leven vieren

Mijn man en ik hebben in al die maanden van herstel iets gedaan dat misschien vreemd klinkt, maar dat voor ons heel belangrijk is: we hebben gevierd.

Niet de grote dingen.

We hebben de kleine dingen gevierd. De momenten die voor anderen wellicht onzichtbaar waren, maar voor ons alles betekenden.

Ik herinner me het moment waarop ik in de zetel zat en plots weer normaal kon horen.

Niet wazig, niet gedempt, niet meer alsof alles door een filter kwam, alsof ik met mijn hoofd onder water zat. Gewoon: helder. Zoals het hoorde te zijn.

Ik zei het tegen mijn man. Hij keek me aan. We zeiden niet veel. Maar die avond schonk hij een glas wijn in. We toostten. Op het horen. Op wat terugkwam. Op wat we niet voor vanzelfsprekend hielden.

Er was het moment waarop ik 's ochtends mijn ogen opende en alles meteen scherp was.

Wekenlang had ik moeten 'scherpstellen'. Wakker worden, ogen open, en dan wachten. Soms minuten. Tot alles langzaam zijn vorm terugkreeg. Tot de contouren klopten. Tot de wereld niet meer vervaagd was.

En toen, op een ochtend, was het er gewoon. Helder. Scherp. Vanzelf.

Het moment waarop ik mijn looprekje ging inleveren bij de thuiszorgwinkel was groter dan ik had verwacht.

Het was een praktische handeling. Het rekje was niet meer nodig. Ik kon weer lopen zonder steun. Logisch om het terug te brengen.

Maar toen ik daar stond, bij de balie, en het rekje afgaf, voelde het als iets anders. Ik gaf een versie van mezelf af. Een versie die ik nooit had gedacht te zijn. En ik ruilde die versie in voor een deel van mij dat terug was.

Er was de dag waarop ik besloot om in mijn eentje van thuis naar ons bedrijf te wandelen.

Niet ver. Tien minuten. Maar het voelde als een expeditie.

Alleen naar buiten. Zonder iemand naast me die kon ingrijpen als het misging. Zonder vangnet. Gewoon: ik en de wereld.

Ik kwam aan bij ons bedrijf. Het was een blij weerzien met de deelnemers van de training die mijn man aan het geven was. Ik bleef niet lang. Maar ik was er. Op eigen kracht. In mijn eigen tempo.

Tijdens een wandeling liet ik mezelf toe om ergens alleen een koffie te gaan drinken.

Dat klinkt simpel. Maar het was niet simpel.

Het was de eerste keer dat ik durfde te stoppen. Ergens binnen te gaan. Te bestellen. Te zitten. Alleen. Zonder dat knagende gevoel dat dit raar was. Zonder angst dat ik te moe zou worden. Zonder angst dat ik vast zou komen te zitten in mijn hoofd.

Ik dronk die koffie langzaam. Ik keek naar buiten. Naar mensen die voorbijliepen. Naar een leven dat doorging, ook zonder mij erin.

En ik voelde iets wat ik lang niet had gevoeld: dat ik ook deel mocht uitmaken van dat leven. Niet als toeschouwer. Maar als deelnemer.

Er was het moment waarop ik voor het eerst alleen van de trap kwam. Zonder hulp. Zonder dat iemand me vasthield.

De trap was lang een obstakel geweest. Bijna onoverkomelijk. Iets dat veel aandacht vroeg. Voorzichtigheid. Iemand om op te leunen.

En toen, op een dag, ging ik naar beneden. Ik waagde het erop. Mijn man stond beneden en filmde mijn overwinning. Mijn glimlach van oor tot oor.

En er was het moment waarop ik voor het eerst weer naar een verjaardagsfeestje kon.

Niet lang. Een uurtje. Maar ik was er.

Ik zat tussen de mensen. Buiten in de zon. Ik voerde gesprekken. Ik lachte. Ik genoot met volle teugen van mijn dierbaren rondom mij.

En toen ik voelde dat het genoeg was, ging ik naar huis. Blij dat ik dit had gekund.

Ik was er geweest. Dat was genoeg.

Ik was trots op het feit dat ik het had gedurfd. Dat ik mezelf had toegelaten om deel te nemen, ook al was het maar kort.

Dit kon tellen.

Deze momenten waren mijlpalen.

Niet de soort die je in een agenda noteert. Niet de soort die je aankondigt op sociale media. Maar wel de soort die ertoe doen.

Het waren momenten waarop ik merkte: er komt iets terug. Niet zoals vroeger. Maar wel iets.

En mijn man en ik hebben geleerd om die momenten niet zomaar voorbij te laten gaan. Om ze te markeren. Om er aandacht aan te geven. Om stil te staan bij wat vaak onzichtbaar blijft.

Een glaasje wijn. Een kaartje. Bloemen. Een aperitief. Iets speciaals.

Het waren geen grote gebaren. Het waren geen feesten. Het waren gewoon kleine erkenningen van wat groot was: dat het leven terugkeerde. Stukje bij beetje. Moment bij moment.

Het hielp ons om te blijven kijken naar wat er wél was, in plaats van alleen te zien wat er niet was. Het hielp ons om vooruitgang te herkennen, ook wanneer die klein leek. Het hielp ons om hoop te voelen, ook op dagen waarop die ver weg leek.

Het waren momenten van zuurstof. Van licht. Van bevestiging dat we op de goede weg waren, ook al wisten we niet waar die weg naartoe leidde.

Ik heb geleerd dat vieren niet hoeft te wachten tot alles af is. Vieren kan ook onderweg. In het midden. In het tussenin.

Want als je wacht tot alles perfect is, mis je de momenten die ertoe doen. De kleine overwinningen. De stille vooruitgang. De dingen die zeggen: je bent er nog. En je gaat vooruit.

Ook al is het langzaam. Ook al is het klein. Ook al ziet niemand het.

Het telt.

En het mag gevierd worden.

Een jaar later

Het is januari.

Een jaar na de val. Een jaar na de schedelbreuk, de hersenbloeding, het moment waarop alles verschoof.

Ik sta in de keuken. Ik maak koffie. Ik ruik hem. Niet volledig, niet zoals vroeger, maar ik ruik hem. En ik proef hem. Het verschil met een jaar geleden is voelbaar.

Ik merk het aan kleine dingen. Aan hoe ik door het huis loop zonder na te denken over elke stap. Aan hoe ik een gesprek voer zonder te tellen hoeveel energie het kost. Aan hoe ik 's avonds niet meer automatisch instort, ook al was de dag vol.

Er is iets teruggekomen. Niet alles. Maar genoeg.

Ik hoop dat de artsen mij binnenkort meer laten werken. Dat die anderhalve dag mag uitgerekt worden. Afwachten.

Alleen al die hoop voelt als een overwinning. Voor mij is dit groot.

Ik geef weer trainingen. Ik begeleid mensen. Alles met mate en goed gedoseerd. Ik merk dat ik het nog kan.

Dat ik zelfs iets heb toegevoegd dat er vroeger niet was: een zachtheid. Een geduld. Een vermogen om bij iemand te blijven zonder te hoeven weten waar het naartoe gaat.

Mijn werk is niet meer zoals het was. Het is beter. Niet productiever. Niet sneller. Maar dieper. Echter.

Ik ben niet meer degene die alles wil oplossen. Ik ben degene die ruimte houdt. Die durft te zeggen: ik weet het niet. Die kan blijven bij wat moeilijk is, zonder het meteen weg te willen nemen.

Dat is niet wat ik had verwacht. Maar het is wel wat er is. En het voelt goed.

Mijn lichaam werkt mee.

Niet altijd. Niet perfect. Maar het is geen vreemdeling meer.

Ik fiets zonder af te stappen bij elke kruising. Ik rijd auto zonder te voelen dat mijn hoofd het niet aankan. Ik wandel zonder te berekenen hoeveel energie ik nog over heb voor de terugweg.

Er is een vertrouwen teruggekomen. Niet blind. Niet zorgeloos. Maar aanwezig.

Mijn lichaam is weer een thuis geworden. Geen perfecte thuis. Maar wel een plek waar ik mag zijn.

Ik herken mezelf weer.

De oude versie is er niet meer en dat is oké. Maar ik herken wel iets wat was verdwenen en nu terugkeert: een gevoel van samenhang.

Het oude en het nieuwe zijn dichter bij elkaar gekomen. Ik zit minder in het tussenin. Het voelt alsof er iets is geland. Alsof de puzzelstukken, die lang los leken te liggen, langzaam beginnen te passen.

Ik ben niet meer constant aan het zoeken naar wie ik ben. Ik ben het gewoon. Op sommige dagen twijfelachtig. Op andere dagen helder. Maar altijd: ik.

Er is ook blijheid.

Dat klinkt misschien vreemd na alles wat ik heb geschreven. Na alle zwaarte, alle onzekerheid, alle moeite.

Maar het is er.

Blijheid om een gesprek dat vloeit. Om een idee dat komt en blijft. Om een dag waarop ik merk: ik leef.

Blijheid om mensen die zijn gebleven. Om mijn man die elke dag heeft gedragen wat ik niet kon dragen. Om vrienden die niet zijn weggelopen toen het lang duurde. Om deelnemers die zeggen: je bent er nog. En we zijn blij.

Blijheid om kleine dingen die niet meer vanzelfsprekend zijn, en daardoor groter zijn geworden. Een geur. Een smaak. Een moment waarop mijn hoofd helder is en ik denk: 'dit is mooi.'

Hoop is betrouwbaar aanwezig.

Hoop dat het blijft groeien. Dat er nog meer ruimte komt. Dat ik ooit weer voltijds kan werken, of misschien een nieuwe vorm vind die past bij wie ik nu ben.

Hoop dat mijn reuk en smaak verder terugkeren. Dat mijn hoofd blijft meegroeien in wat het aankan.

Hoop dat wat ik heb geleerd, mag blijven. Dat ik niet terugval in de oude haast. Dat ik de zachtheid kan bewaren. Dat ik mezelf niet vergeet in de wens om vooruit te gaan.

Ik zie ook kracht.

Niet de kracht die ik kende. Niet die van snelheid en doorzetten. Maar een andere. Een die dieper zit.

De kracht om te blijven op dagen waarop alles zegt: stop.

De kracht om te stoppen op dagen waarop alles zegt: ga door.

De kracht om mild te zijn voor mezelf, ook wanneer ik het gevoel heb dat ik te langzaam ga.

Die kracht was er altijd al, denk ik. Maar ik zag haar niet. Nu wel.

Ik zit niet meer constant in het tussenin.

Er is iets verschoven.

Ik sta ergens. En dat ergens voelt als een plek waar ik mag zijn.

Het oude en het nieuwe zijn geen tegenpolen meer. Ze zijn lagen van hetzelfde leven. Van dezelfde mens. Van mij.

Ik hoef niet meer te kiezen. Ik mag zijn wie ik was, wie ik ben geworden, en wie ik nog word. Allemaal tegelijk.

Er zijn nog steeds moeilijke dagen.

Dagen waarop mijn hoofd mist is. Dagen waarop de moeheid me overvalt. Dagen waarop ik denk: 'is dit het dan?'

Maar die dagen maken me niet meer bang.

Omdat ik nu weet: ze gaan voorbij. Niet altijd snel. Niet altijd gemakkelijk. Maar ze gaan voorbij.

En erna komt er een dag waarop het weer beter gaat. Waarop ik mezelf herken. Waarop ik voel: ik ben hier. En het is goed.

Ik kijk terug naar een jaar geleden en zie hoever ik ben gekomen.

Ik heb het gered.

Ik ben hier. Ik leef. Ik werk. Ik lach. Ik voel. Ik proef, ook al is het anders. Ik ruik, ook al is het minder. Ik besta, voller dan ik had durven hopen.

En dat is misschien wel de grootste verandering van allemaal:

ik leef in het nu. In wat er is.

Op een heel echte manier.

Een jaar later ben ik niet wie ik was.

Maar ik ben ook niet verloren.

Ik ben iemand die is blijven groeien, ook toen het donker was.

Iemand die heeft geleerd dat kracht niet altijd luid is.

Dat herstel niet altijd zichtbaar is.

Dat leven niet altijd makkelijk hoeft te zijn om waardevol te zijn.

Een jaar later voel ik iets wat ik lang niet heb gevoeld:

dankbaarheid die groter is dan verdriet.

Hoop die groter is dan angst.

Blijheid die niet verdwijnt zodra het even moeilijk wordt.

Ik ben niet aan het einde van mijn verhaal.

Maar ik ben ook niet meer aan het begin.

Ik zit ergens midden in een leven dat anders is geworden, en daardoor ook rijker.

En vandaag, een jaar later, is dat genoeg.

Meer dan genoeg.

Het verhaal blijft open

Dit verhaal heeft geen einde in de klassieke zin.

Er is geen punt waarop alles samenvalt, geen moment waarop ik kan zeggen: *nu is het af.* Wat er wel is, is een verschuiving. Een andere verhouding tot wat mij is overkomen, en tot wie ik daarin geworden ben.

Ik heb dit verhaal niet geschreven om te verklaren, noch om te overtuigen. Ook niet om hoop te verkopen of moed in te spreken. Ik schreef omdat sommige ervaringen geen plaats vinden zolang ze niet benoemd worden. Omdat het tussenin vaak wordt overgeslagen. Omdat wat niet zichtbaar is, te snel wordt genegeerd.

Misschien herken je jezelf in wat je las. Misschien ook niet. Misschien gaat jouw verhaal over iets heel anders, maar voel je dezelfde spanning: niet meer wie je was, nog niet wie je wordt. Dan is dit verhaal ook voor jou.

Ik weet niet hoe mijn leven verder vorm zal krijgen. Ik weet niet welke puzzel dit zal worden. Ik weet alleen dat wat in mij leeft, bestaansrecht heeft, ook zonder eindbeeld. En dat ik geleerd heb om daarin te blijven, zonder mezelf te forceren en zonder mezelf te verlaten.

Als dit verhaal iets mag achterlaten, dan hoop ik dat het dit is:

dat je mild wordt voor wat geen duidelijke vorm heeft,

dat je leert kijken naar mensen zonder hen te reduceren tot hun symptomen,

en dat je het 'tussenin' niet langer ziet als falen, maar als een plek waar iets nieuws kan ontstaan.

Niet alles hoeft opgelost.

Niet alles hoeft benoemd.

Sommige dingen mogen gewoon bestaan.

Dat is misschien geen conclusie.

Maar het is wel echt.

Deel 8: wanneer het tussenin een creatieruimte wordt

Inleiding

In de vorige delen van dit boek kon je lezen hoe ik mij overeind heb gehouden na mijn ongeval. Hoe ik beetje bij beetje de weg terugvond. Hoe ik stilaan aanvaardde dat mijn oude ik niet meer terug zou komen. En hoe ik, stap voor stap, begon uit te kijken naar de opbouw van een nieuwe versie van mezelf.

Lange tijd verbleef ik in dat tussenin. Het voelde als een soort niemandsland. Een lege ruimte waarin ik herstelde en verder wachtte op wat zou komen. Een ruimte waarin ik rond dwarrelde, zonder te weten wat er zou ontstaan. Een ruimte waarin ik mij overgaf aan de omstandigheden en probeerde daar zo goed mogelijk in te functioneren.

Ondertussen weet ik dat het tussenin veel meer is dan dat.

Vaak verschijnen dingen op je pad wanneer je er klaar voor bent. Niet omdat alles wat gebeurt een bedoeling heeft, maar omdat gebeurtenissen de betekenis krijgen die je eraan kunt geven met de inzichten en wijsheid die je op dat moment hebt. Omdat je ze kunt opmerken en er iets kunt mee doen. Dat heb ik diep vanbinnen altijd geloofd.

Mijn ongeval heeft mij bruusk losgesneden van mijn wortels en van mijn oude leven.

Misschien was dat nodig.

Misschien moest er eerst een blanco blad ontstaan, zodat ik mezelf opnieuw kon uitvinden. En zodat ik moediger kon worden in het tonen van wat vroeger verborgen bleef.

In wat volgt, het laatste deel van dit boek, heb ik geprobeerd woorden te geven aan het nieuwe leven dat in dat tussenin is ontstaan en nog steeds blijft ontstaan.

Ik heb gekozen voor poëtische teksten, omdat die vorm het best weergeeft wat ik heb beleefd en hoe deze weg zich tot nu toe heeft ontvouwd.

Ik hoop dat het jou kan inspireren op jouw eigen weg, hoe die zich ook mag tonen.

Wees niet bang om in het licht te gaan staan.

Of om zelf licht te zijn.

Rondjes in dezelfde vijver

Ik leefde achterwaarts.
Mijn blik rustte op wie ik ooit was.
Elke stap die ik zette
werd vergeleken met dat oude beeld,
gewogen,
en telkens te licht bevonden.

Met mijn rug naar de toekomst
stond ik stil.
Nieuwe mogelijkheden stonden achter mij te wachten,
maar ik zag ze niet.
Ik voer zonder kompas,
blind.

Verdoofd.
Moe.
Verdrietig.
Rouwend om wat niet meer was.

Mijn gedachten liepen hun rondjes.
Elke dag opnieuw.
Duizend keer per dag.

Ik zat in het tussenin
en klampte mij vast aan wat geweest was,
zoals een angstig kind
dat zich vastgrijpt aan de rokken van haar moeder
om een onbekende wereld
niet te hoeven betreden.

Ik zocht de veiligheid van het gekende.

Wanhopig.
Omdat ik niets anders had
om mij aan vast te houden.

Het werd een gesloten cirkel.
Gedachten.
Gevoelens.
Gedrag.

Een lus.

Een film die zichzelf bleef afspelen
en aan het einde
automatisch opnieuw begon.

Zoals in een museum
waar dezelfde scène
eindeloos herhaald wordt.

Een carrousel.

Ik draaide rondjes,
zoals op de kermis
op de paardenmolen.

Steeds hetzelfde rondje.
Opnieuw.
En opnieuw.
En opnieuw.

Eindeloos.

Zo proberen we vaak uit onze pijn te ontsnappen:
door haar telkens weer op te roepen,
haar opnieuw te voelen,

haar opnieuw te beleven.

In de hoop
dat ze ons op een dag zal loslaten.

In de hoop
dat we van de draaiende paardenmolen
zullen kunnen afstappen.

Maar ik ontdekte iets anders.

Dit bevrijdt je niet.
Het versterkt alleen wat er al is.

Het is ronddobberen
in een bekende vijver
terwijl je hoopt
plots in de oceaan uit te komen.

Een waterdicht systeem
dat je veilig gevangen houdt
in oude gedachten
en oude gevoelens.

Een systeem
waarin geen enkel nieuw pad
kan ontstaan.

De draaikolk van weten

Ik wist het.
Al jaren.

Ik had gezien hoe de lus werkt,
hoe gedachten zich herhalen
tot ze een gevangenis worden.

Ik had anderen geleerd
hoe ze eruit konden stappen.
Hoe ze de film in hun hoofd
konden stilzetten.
Hoe ze een andere scène
konden kiezen.

Ik kende de weg.
Ik had hem zelf
ontelbare keren gegaan en uitgelegd.

En toch
zat ik er weer middenin.

Ik probeerde op te stijgen,
boven de kring
van dezelfde gedachten.
Ik deed wat ik kon
om eruit te raken.

Maar telkens opnieuw
greep het mij vast.
Als een draaikolk
die je eerst zachtjes meeneemt
en je dan

steeds dieper
naar binnen zuigt.

Hoe kon dat?

Hoe kon het
dat ik dit alles wist
en er toch in bleef ronddraaien?

Hoe kon het
dat ik zoveel sleutels had
voor de sloten van mijn eigen geest
en toch
dag na dag
door dezelfde gang bleef lopen?

Misschien
had ik toen de kracht niet.

Mijn brein draaide niet eens
op halve snelheid.

Alles was mist.
Gedachten kwamen traag
of helemaal niet.

Logica vond geen houvast.
Focus verdween
nog voor ze kon ontstaan.

Alles was wazig.
Ver weg.
Onvast.

En ergens

in die dichte mist
leek een uitweg
onbestaande.

Aan de zijlijn van mijn eigen leven

Ik zat te wachten.

In de witte ruimte
van het tussenin.

Te wachten
tot de omstandigheden zouden veranderen.

Te wachten
tot mijn lichaam zou herstellen.
Tot mijn brein weer helder werd.

Te wachten
tot de wereld verschoof,
zodat ik vanbinnen
mee kon verschuiven.

Mijn hele bestaan
legde ik in handen
van wat er gebeurde
of niet gebeurde.

Van anderen.
Van tijd.
Van omstandigheden.

Ik gaf mij over
zonder te merken
hoe ik stilletjes
mezelf verloor.

Ik zag niet
hoezeer ik mij

tot slachtoffer maakte.

Hoe afhankelijk
ik mij opstelde.

En hoeveel pijn
daarin verborgen lag.

Ik begreep niet
dat mijn wanhoop
daar deels uit voortkwam.

Dat ik de regie
van mijn eigen leven
uit handen gaf.

En mij daardoor
machteloos voelde.
Stuurloos.
Drijvend.

Het leek allemaal logisch.

Luisteren
naar de professionals.
Doen wat zij vroegen.
De stappen volgen
die wij in onze NLP trainingen aan mensen leren.

Dat is nog steeds juist.

Maar iets anders
was niet juist.

Ik had mijn pen
neergelegd.

Ik tekende niet langer mee
aan mijn eigen verhaal.

Ik liet anderen schrijven
in het boek van mijn leven.

En zo
stond ik langzaam
aan de zijlijn
van mijn eigen bestaan.

Zonder te beseffen
dat ik daar stond.

De pen

Misschien
is dat waarom mijn man mij
een schriftje gaf.

En een pen.

Een klein gebaar
dat nauwelijks woorden nodig had.

Hij moedigde mij aan
om te schrijven.
Letter voor letter.
Zin na zin.

Hoe gebrekkig het ook ging
in het begin.

Alsof hij mij zachtjes
een richting wees.

Niet met grote verklaringen,
niet met lange uitleg.

Maar met iets eenvoudigs
dat alles bevatte.

Een schrift.
Een pen.

Misschien was het zijn manier
om mij te zeggen
dat ik het roer
weer zelf mocht vastnemen.

Dat ik opnieuw

grip kon krijgen.

Dat ik opnieuw
de architect kon worden
van mijn eigen bestaan.

Met weinig woorden
vertelde hij mij
een heel verhaal.

Een verhaal
waarin hij al geloofde
vanaf het begin.

Een verhaal
dat ik toen nog niet kon zien.

Maar dat er
al was.

Onbewerkt land

Langzaam,
heel langzaam
draaide ik mij om.

Vanuit het niemandsland
keek ik naar voren.

Naar wie ik kon worden.
Maar ik wist het niet.

Voor mij lag dezelfde leegte
als in het tussenin
waaruit ik kwam.

Alsof alles
opnieuw begonnen moest worden.

Alsof ik het vermogen
om te creëren
even was kwijtgeraakt.

Ik wist niet
wie ik kon worden.

Ik wist niet
wat ik moest doen.
Hoe ik moest zijn.
Wat de wereld
aan mij kon hebben.

Mijn wortels
leken verdwenen.

De grond

waarin ze ooit groeiden
was omgewoeld.

Ik moest opnieuw zaaien.

Maar wat?

En hoe?

Van buiten
leek alles te kloppen.

Mijn lichaam herstelde.
Mijn stappen
vonden hun ritme terug.

Maar vanbinnen
was ik stuurloos.

Alsof ik
een stuk land was
dat nog niet bewerkt was.

Een open veld
waarvan niemand wist
wat er kon groeien.

Wat er wortel kon schieten.

Wat er ooit
zou ontstaan.

Toen de wolken verschoven

En toen
was er een keerpunt.

Geen groot moment.
Geen donder.
Geen bliksem.

Maar een mail.

Een bericht
dat leek te komen
van nergens.

En toch
opende het een deur
naar een wereld
die ik ergens onderweg
was vergeten.

De wereld
van de kwantumfysica.

De wereld
die zegt dat alles energie is.

De wereld
die fluistert
dat een mens
zijn eigen leven
kan creëren.

Voor mij
was dat altijd

een vage theorie geweest.
Fascinerend.
Maar mistig.

Ik wilde er graag
in geloven.

Maar het werkte niet
in mijn handen.

Waar was dit
op gebaseerd?

Waar was de grond
waarop je kon staan?

Plots
kreeg dat vage idee
een fundament.

Wetenschappelijk onderzoek.
Metingen.
Scans.

Verhalen
van genezing,
van groei,
van creatie.

Niet als dromen,
maar zichtbaar
in beelden
van het brein.

In bloedresultaten.

In cijfers.

Ineens
was er bodem.
Iets
waarin ik kon landen.

En iets
in mij
kwam tot leven.

Mijn ziel
herinnerde zich
iets ouds.

Als kind
lag ik vaak
op mijn rug
in het gras.

Kijkend naar de wolken.

Wachtend
tot ze verschoven.

In de hoop
dat er ergens
een opening kwam.

Dat ik iets
van de hemel
zou zien.

Die mail
was zo'n verschuivende wolk.

En plots
zag ik het.

Niet boven mij.

Maar in mij.
Alsof ik iets
van de hemel
had gevonden.

En tegelijk besefte
dat die hemel
al die tijd
in mij
had gewoond.

De bodem onder mijn ziel

Jarenlang
zocht ik naar grond.

Naar een bodem
waarop mijn spiritualiteit
kon landen.

Ik kon mij niet thuis voelen
in één godsdienst.

Het voelde te klein.
Te begrensd.

Er moest meer zijn.

Iets groter
waarin elke mens kon gedijen.
Groter dan een traditie.
Groter dan een systeem.

Iets dat geen godsdienst
nodig had.

Iets universeels.
Iets
dat overal
en in iedereen
kon bestaan.

Misschien
had heel mijn leven
mij naar dat moment geleid.

Al het zoeken.

Alle twijfels.

Mijn fascinatie
voor het menselijk brein.

Mijn werk
met de binnenkant van mensen.
Met hun onbewuste programma's.

Met wat mensen
vanuit de diepte stuurt
zonder dat ze het merken.

Het werk
dat ik al jaren deed
met NLP
kreeg plots
een andere glans.

Alsof er
een nieuw licht
op viel.

Alsof ik ineens begreep
waarom ik dit werk
altijd had gedaan.

Alsof er
een bedding ontstond
waar mijn passie
doorheen kon stromen.

Het waarom
werd helder.

En plots
viel alles
op zijn plaats.

Alsof losse stukken
van een puzzel
ineens
hetzelfde beeld vormden.

Ik had een sleutel gevonden.

Een sleutel
die een deur
voor mij opende.

En achter die deur
lag lucht.

Ruimte.

Adem.

Alsof iemand
mij een zuurstoftank gaf
en zei:

Adem.

Hier begint
een nieuw pad.

Het blanco blad

"Veroorzaak zelf het gevolg,"
zegt Joe Dispenza.

Eén zin.

Maar die zin
sloeg de deur open.

Hij slingerde mij
uit de slachtofferrol
waarin ik mij
onbewust had vastgezet.

Wachten
tot de wereld verandert
zodat jij
kunt veranderen.

Het is wat de meesten doen.

Wachten
tot omstandigheden verschuiven.
Tot het lichaam herstelt.
Tot het leven
weer meewerkt.

Maar dat
wilde ik niet meer.

Ik wilde het tussenin
niet langer zien
als een wachtkamer.

Niet als een plek

waar je zit
tot iemand je naam roept.

Ik wilde het zien
als een blanco blad.

Een open pagina
waarop ik zelf
een nieuw verhaal
kon schrijven.

Vanaf nul.

Waar ik opnieuw
kon creëren
hoe mijn leven
eruit mocht zien.

Waar ik naartoe
wilde groeien.

Wat eerst
als een stomme val
had gevoeld
werd ineens
een kans.

Misschien
was ik zonder die kwalijke val
nooit in dat tussenin
terechtgekomen.

Nooit op dat punt
waar alles
opnieuw kon beginnen.

En langzaam
begon er iets te verschuiven.
Dankbaarheid.
Voor wat er gebeurd was.

Zelfs al
was het nog steeds
beangstigend.

Want ergens
voelde ik het.

Dit had een reden.

Toeval
heeft nooit
een grote plaats gehad
in mijn leven.

Alleen
was ik dat
even vergeten.

Nu kwam het terug.

Helder.
Stil.

Dit
was geen toeval.

Dit
was een kans.
Een zeldzame kans
op een reset.

De tuin van mijn geest

Ik moest naar binnen.

Dieper
dan woorden.
Dieper
dan wat zichtbaar was.

De diepte in
van mijn eigen zijn.

Daar
waar de onzichtbare programma's draaien.
Waar overtuigingen
stil hun werk doen.

Mijn software
moest geüpdatet worden.

Gedachten
die mij vasthielden
in het verleden.

Gevoelens
die telkens opnieuw
dezelfde richting uitstuurden.

Overtuigingen
die mij tegenhielden
zonder dat ik het altijd zag.

Manieren
waarop ik dingen aanpakte
die mij niet dienden.

Alles
moest voorbij komen.

Alles
moest bekeken worden.

Wat was nog vruchtbaar?
Wat hield mij klein?
Wat mocht blijven?
Wat moest verdwijnen?

Ik voelde mij
als een tuinier.

Gebogen
over de aarde
van mijn eigen geest.

Zoekend
naar onkruid
dat zich diep
had vastgezet.

En tegelijk zoekend
naar wat er nieuw
zou mogen groeien.

Welke bloemen
ik wilde planten.

Welke bomen
wortel mochten schieten.

Hoe mijn nieuwe tuin
eruit mocht zien.

De stilte waarin verandering groeit

Ik wist
dat dit niet in één dag
zou gebeuren.

Verandering
komt zelden
met één grote beweging.

Ze groeit langzaam.
Bijna onzichtbaar.

Een geleidelijke ommekeer.

Ik moest leren
mijn aandacht
naar binnen te richten.

Naar mijn binnenwereld.
Naar mijn diepste kern.

Werk in de diepte
terwijl het lichaam
in diepe ontspanning rust.

Voorbij
de kritische geest.

Door de poort
van het onderbewuste.

Daar
waar de programma's draaien
waarvan je het bestaan
allang vergeten bent.

Daar
waar de verborgen apps
op de achtergrond werken
en ongemerkt
energie verbruiken.

Het vroeg discipline.

Elke dag opnieuw.

Meerdere keren per dag
stil worden.
Vertragen.

De blik
naar binnen keren.

En zoeken
naar wat daar leefde.

Naar wat daar
al die tijd
in de diepte
op mij
had gewacht.

Wat wil er groeien

Als je iets verwijdert
uit een tuin,
blijft er ruimte over.

Maar leegte
is nooit het doel.

De echte vraag is:

Wat wil er
in die ruimte groeien?

Daar draait alles om.

Creëren.

Niet alleen weten
wat je niet meer wilt.

Maar helder voelen
wat je wél wilt.

Wat mag wortel schieten.
Wat mag bloeien.

En het niet alleen denken.

Het ook voelen.

Daar
ligt de sleutel.

Ik geloof
dat onze gedachten
en onze gevoelens
een energie uitzenden.

Een trilling.
Een frequentie.

En dat het universum
op diezelfde frequentie
antwoordt.

Alsof de werkelijkheid
een spiegel is
van wat wij
naar buiten sturen.

Joe Dispenza
zegt iets
dat mij diep raakte:

"We krijgen niet
wat we wensen.

We krijgen
wie we zijn.

Wat we uitzenden."

Als ik denk
dat ik wil genezen
maar diep vanbinnen
niet geloof
dat het kan,
dan stuur ik
een verward signaal uit.

En wat terugkomt
is verwarring.

Bijna altijd.

Dat dit zo werkt
is een prachtige gedachte.

En tegelijk
een meedogenloos eerlijke.

Want ineens
valt elke schuilplaats weg.

Er is niets
en niemand meer
waarachter je
je kunt verstoppen.

Leef wie je wordt

Wachten
tot wensen uitkomen
werkt niet.

Niet echt.

Wensen
zijn geen zaadjes
die vanzelf ontkiemen.

Eerst moet je weten
wat je wilt.

Helder.

Niet alleen denken
aan hoe het eruitziet.

Maar voelen
hoe het zal zijn
wanneer het er is.

Hoe het ademt.
Hoe het leeft
in je lichaam.

En dan
komt de vraag
die alles verandert:

Wat van die versie
van mijzelf
kan ik vandaag
al neerzetten?

Wat kan ik vandaag
al leven?

Wat kan ik
al uitdrukken?

Wat kan ik
al zijn?

Daar
ligt een stapsteen
die weinig mensen benutten.

En toch
is ze cruciaal.

Want zolang we blijven
wie we altijd waren,
blijven we wachten
tot een nieuwe versie
van onszelf
plots verschijnt.

Maar zo werkt het niet.
De nieuwe versie
verschijnt niet.

Ze wordt geleefd, geboren.

Stap voor stap.

En daar
begon het tussenin
voor mij
van betekenis te veranderen.

Het werd geen wachtkamer meer.

Het werd
een creatieruimte.

Ik bewoog erin.

Ik verschoof.

Elke dag
een beetje.

Richting mijn verdere leven.

Richting mijn nieuwe ik.

Richting
wat nog moest ontstaan.

De kunst van het loslaten

En dan
kwam de moeilijkste stap.

De controle
loslaten.

Voor mij
was dat het zwaarst.

Ik was iemand
die elke dag
de aarde open wou maken
om te kijken
of de zaadjes
al begonnen waren te groeien.

Ik wilde weten.

Zekerheid.

Resultaat.

Maar zo
werkt een tuin niet.

En zo
werkt het leven niet.

Wat je zaait
heeft tijd nodig.

Donkerte.
Stilte.
Geduld.

Ik moest leren
de aarde gesloten te laten.

Niet meer graven.

Niet meer controleren.

Hoe iets groeit,
wanneer het verschijnt,
in welke vorm het zich toont,
dat is niet aan mij.

Dat is aan het universum.

Het onverwachte
moest opnieuw
een plaats krijgen
in mijn leven.

De verrassing.

Het vertrouwen
dat iets onderweg is
ook al zie je het nog niet.

Loslaten
betekent niet
niets doen.

Het betekent
stoppen met wachten
op bewijs.

En toch weten
dat het komt.

Hoe dan ook.

Dat vertrouwen
is geen theorie.

Het is
een oefening.
Een intense.

De kleine tekens

En toch
vroeg ik om tekens.

Geen grote wonderen.

Geen donderende bevestigingen.

Maar kleine signalen.

Tekens
waaraan ik kon voelen
dat ik op de juiste weg was.

Stille getuigen
van het werk
dat zich diep vanbinnen
aan het voltrekken was.

En ze kwamen.

In overvloed.

Alleen
moet je leren
ze te zien.

Ze leven
in de kleinste momenten.

Een glimlach
van een voorbijganger.

Een ontmoeting
die toevallig lijkt
maar je toch

een stap verder brengt.

Een zin
die je leest
en precies
die zin blijkt te zijn
die je die dag nodig had.

Een telefoontje.

Een woord.

Een blik.

Het is
een hele wereld
die zich opent
wanneer je er aandacht voor krijgt.

Een wereld
van subtiele bevestigingen.

Net zoals die ene mail
destijds
een wolk deed verschuiven,
zo vielen er daarna
vele kleine tekens
op mijn pad.

En nog steeds.

Elke dag.

Dankbaarheid vóór het wonder

Dankbaar zijn.

Dat gevoel
dat je ziel
zachtjes opent.

Meestal
zijn we dankbaar
voor wat er al is.

Voor iets
dat we hebben gekregen.

Voor iets
dat zichtbaar
in ons leven
is verschenen.

Maar dankbaar zijn
voor iets
dat nog onderweg is,
dat is een kunst.

Een vaardigheid
die je leert.

Dankbaar zijn
voor het vooruitzicht.

Voor iets
dat je nog niet kunt zien
maar wel al kunt voelen.

Dat tilt je leven

naar een andere hoogte.

Alsof er
een nieuw licht
over alles valt.

Je leven
begint te glanzen.

En jij
begint te glanzen
voor anderen.

Dankbaarheid
opent deuren
die eerst gesloten leken.

Ze zet energie
in beweging.

Laat stromen
wat vastzat.

En versnelt
stil en krachtig
je groei.

Slotwoord

Ik geloof dat elke mens de mogelijkheid in zich draagt om bezield te worden door een droom. Dat we niet toevallig op deze wereld zijn, maar om uitdrukking te geven aan wat er aan mogelijkheden in ons leeft. Ik geloof dat we spirituele wezens zijn die tijdelijk een menselijk leven leiden, en dat er diep in ons een kern aanwezig is waar al onze potentie ligt opgeslagen.

Sommige mogelijkheden staan al in volle bloei. Andere zijn nog in ontwikkeling. Sommige beginnen net te ontkiemen. En weer andere liggen nog onder de grond te wachten op hun moment. Maar ze zijn er. In ieder van ons.

Ik geloof dat er in ons een innerlijke drive aanwezig is die ons telkens opnieuw naar nieuwe paden leidt wanneer we de weg van creatie bewandelen. Dat die beweging naar groei en ontwikkeling geen toeval is, maar deel uitmaakt van de diepere reden waarom we hier zijn. Ieder van ons maakt op zijn eigen, unieke manier een verschil.

Ik geloof ook in de verbondenheid tussen mensen, overal ter wereld. In de kleine, vaak onzichtbare manieren waarop we elkaar beïnvloeden. Een glimlach, een woord, een gebaar kan zich verder verspreiden dan we ooit kunnen zien. Zoals een steentje dat in het water valt, rimpelingen veroorzaakt die zich steeds verder uitbreiden.

Tussen mensen bestaan ontelbare onzichtbare draden. Samen vormen ze een netwerk van invloed, van steun, van inspiratie. Ik geloof dat we via die verbondenheid veel meer tegenkracht kunnen bieden aan de chaos die soms de wereld lijkt te overheersen, dan we zelf beseffen.

Ik voel mij vandaag bezield door een droom. Een droom om mijn leven ten volle te leven, voor mezelf en voor de mensen om mij heen. Om met de capaciteiten die ik heb, en met de capaciteiten die nog verder mogen groeien, het best mogelijke leven vorm te geven en het verschil te maken, daar waar ik kan.

Wat ooit als een val voelde, zie ik nu als het begin van iets nieuws. Het leven in het tussenin is voor mij geen passieve periode meer. Het is een actieve ruimte geworden waarin nieuw leven ontstaat.

Wat ik ooit als een niemandsland zag, is nu een springplank. Een plek van creatie, van richting kiezen, van opnieuw vormgeven.

Het gaat niet langer alleen over herstel.

Het gaat over verder gaan.

Verder gaan als een vernieuwde versie van mezelf.

Misschien wel de beste versie tot nu toe.

De best mogelijke Marleen.

Dankwoord

Dit boek is niet alleen uit mijn handen ontstaan. Achter elke bladzijde staan mensen die, elk op hun eigen manier, met mij hebben meegewandeld op dit pad. Hun aanwezigheid, hun woorden, hun stilte en hun vertrouwen hebben mee vorm gegeven aan wat hier geschreven staat.

In de eerste plaats wil ik mijn man en zielsgenoot, Alex Peeters, bedanken. Voor zijn geduld, zijn aanwezigheid en zijn niet aflatende steun en vertrouwen, ook op momenten waarop ik zelf niet meer wist waar ik stond. Het schriftje en de pen die hij mij gaf, waren misschien kleine gebaren, maar ze droegen een groot vertrouwen in zich. Ze hielpen mij opnieuw woorden te vinden voor iets wat diep in mij verborgen zat.

Ook wil ik de mensen bedanken die mij na mijn ongeval hebben begeleid. Artsen, therapeuten en hulpverleners die hun kennis, hun zorg en hun tijd met mij hebben gedeeld. Zij hebben mee de omstandigheden gecreëerd waarin herstel, maar ook groei, opnieuw mogelijk werd.

Een warme dank gaat ook naar mijn familie, vrienden en buren. Voor hun gratuite hulp, hun warmte en hun liefde, hun betrokkenheid en hun geduld. Voor de manier waarop ze zijn blijven meewandelen en mij de ruimte hebben gegeven om mijn weg opnieuw te zoeken, op mijn eigen tempo.

Ik wil ook de vele mensen bedanken die het voorbije jaar hun verhalen met mij hebben gedeeld wanneer ze mij kwamen bezoeken. In die ontmoetingen ontstonden gesprekken die mij diep hebben geraakt. Hun ervaringen, hun vragen en hun moed hebben mij geholpen om mijn eigen weg beter te begrijpen.

En tenslotte dank ik iedereen die dit boek leest. Door te lezen word je deel van het verhaal. Woorden hebben hun eigen manier om hun weg te vinden van de ene mens naar de andere. Misschien herken je iets van jezelf in deze pagina's, misschien ook niet. Maar als dit boek je helpt om met iets meer mildheid naar je eigen tussenin te kijken, dan heeft het zijn weg gevonden.

Marleen

Andere boeken

Anders omgaan met 'anders'

7 sleutels voor een betere relatie met mensen met autisme en vele anderen!

Prijs: 18,95 € | Nederlands | Hardcover | 9798869660398 | 3 december 2023 | 118 pagina's

Prijs: 17,50 € | Nederlands | Paperback | 9789464855326 | 3 december 2023 | 118 pagina's

Prijs: 6,35 € | Nederlands | ePub | 9789403718873 | 3 december 2023 | 118 pagina's

Introductie tot NLP

NLP als hulpmiddel in de communicatie

Een unieke kennismaking met NLP!

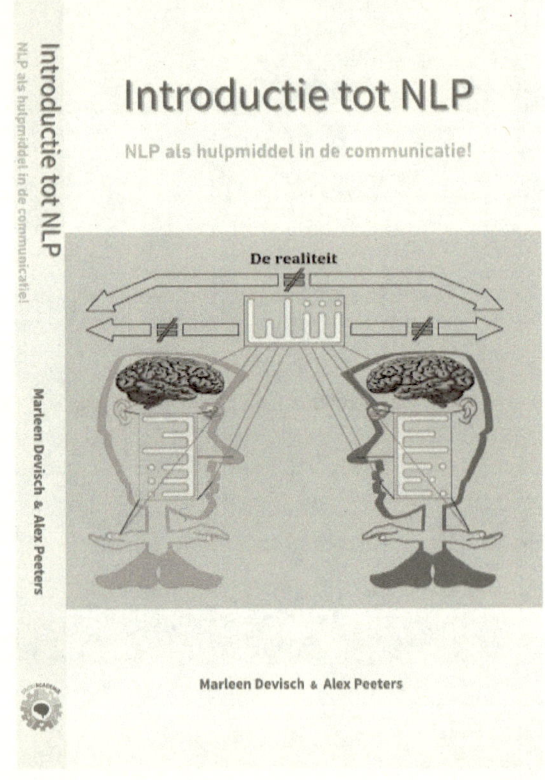

Prijs: 16,25 € | Nederlands | Paperback | 9789403608976 | 23 oktober 2020 | 164 pagina's

Ontdek al onze boeken

GROEI ACADEMIE

NLP Communicatie Instituut

Opleidingsinstituut en Expertisecentrum voor NLP gelicentieerd door de Society of NLP™

Welkom bij GROEI **ACADEMIE**, het NLP Communicatie Instituut.

GROEI **ACADEMIE** functioneert als **opleidingsinstituut en expertisecentrum voor NLP**, met focus op **Persoonlijk Leiderschap** en **Communiceren met Impact**, gedragen door een helder kwaliteitskader.

Ons opleidingsaanbod omvat de niveaus Practitioner, Master, Coach en Advanced, inclusief Business-levels. Deze opleidingen zijn internationaal erkend en beantwoorden aan de licentievoorwaarden van de **Society of NLP™**.

Binnen GROEI **ACADEMIE** staat ervaringsgericht leren centraal. Training wordt ingezet als didactische werkvorm binnen opleidingen en nascholing. Er wordt gewerkt volgens het doorleefde CODEC-model, waarbij toepasbaarheid, integratie en verfijning van vaardigheden vooropstaan.

Naast basis- en vervolgopleidingen biedt GROEI **ACADEMIE** ook **nascholing** voor zij die hun NLP-vakmanschap blijvend willen onderhouden, verdiepen en verfijnen binnen een helder expertisekader.

Leven in het tussenin

Over mens zijn wanneer je leven plots verandert

Marleen Devisch

Dit boek is voor iedereen wiens leven plots een andere richting nam. Door een ziekte. Een ongeval. Een scheiding. Het verlies van iemand of iets dat je leven betekenis gaf. Een job die wegvalt. Een identiteit die niet meer past. Enzovoort.

Je wordt uit je vertrouwde leven gegooid en je weet nog niet waar je bent. Je bent niet meer wie je was en je weet nog niet wie je zult worden. Dat 'tussenin' is een stille plek, waar je tastend je weg dient in te vinden. Een nieuwe weg naar een nieuwe versie van jezelf. Want ook al lijkt het zo, het tussenin is niet leeg. Het is vol van wat nog zoekt naar vorm. En in dat proces kan er op een onverwachte manier nieuw leven groeien.

Marleen Devisch is NLP trainer en coach. Ze is, samen met haar man Alex Peeters, oprichter van GROEI ACADEMIE BV.

Dit is haar meest persoonlijke boek tot nu toe.

www.ingramcontent.com/pod-product-compliance
Lightning Source LLC
LaVergne TN
LVHW090609110826
845146LV00001B/316

* 9 7 8 9 4 0 3 8 8 0 6 8 6 *